Waltraud Schneider
Getanztes Gebet

P. Giloleeh...

Waltraud Schneider

Getanztes Gebet

Vorschläge für Gottesdienste
in Gemeinde und Gruppe

Mit einem Vorwort von Silja Walter

Herder Freiburg · Basel · Wien

Die Illustrationen zu diesem Buch zeichnete
Maria Meyer-Perrig, Tschädigenweg 4, CH-6045 Meggen

Umschlagfoto: Monika Haas, Freiburg

Herstellung: Freiburger Graphische Betriebe 1986
ISBN 3-451-20676-5

Vorwort

Wir haben auf dieses Buch gewartet, ein kleines praktisches Tanzbuch, das jungen Menschen, aber nicht nur ihnen, und ihren Gruppenleitern Weg und Anleitung bedeuten kann in ihrem Verlangen, Gebete zu tanzen.

Sie haben völlig recht, wenn sie ihr Loben, Anbeten, Sichfreuen, ihr Weinen, Fragen und Bereuen Gott mit ihrem ganzen Wesen darbringen wollen, mit Seele und Leib, Geist und Herz „ein Lobopfer“ im Sinn der Heiligen Schrift sein möchten.

Waltraud Schneider hat hier eine Reihe sehr guter gottesdienstlicher Lieder – auch für die Eucharistiefeier – aus ihrer Gestaltungspraxis mit Jugendlichen vorgelegt.

Die meisten basieren auf Psalmversen und andern biblischen Texten, einige stammen aus dem Liedschatz verschiedener christlicher Gruppen der Gegenwart.

Wie sie zu tanzen sind ist klar, einfach und durch die ausgezeichneten Illustrationen von Maria Meyer-Perrig leicht nachvollziehbar dargestellt.

Das große Anliegen der jungen Gestalterin dieser Liedtänze im Gottesdienst der Jugendlichen ist dies: Beten, Singen und Tanzen als selbstverständliche Einheit zu sehen:

- im Verkündigungstanz die Wortpredigt zu ergänzen und zu verlebendigen;
- im Lob- und Bittgebetstanz die erlösende Befreiung des ganzen Menschen spür- und sichtbar zu machen;
- im Prozessions- und Reigentanz der Begeisterung am Fest Gottes freudigen Ausdruck zu verleihen und auf die ganze Gemeinde zu übertragen.

Ob auch der wortlose Tanz einer Gebetsgruppe, getragen vom Gesang und Klatschen eines Gegenchores, vielleicht in Abwechslung eine zusätzliche Anregung bedeuten kann, müßte sich durch Realisierung abklären.

Immer ist das Verwirklichen hier allein der Weg zur schöpferisch kritischen Beurteilung der Möglichkeiten, Berechtigung und Notwendigkeit des viel diskutierten Tanzes in der Kirche.

In dieser immer dringlicher werdenden Auseinandersetzung ist dieses Buch mit den 30 verschieden gewichtigen Tanzbeispielen vom Kinderlied mit Gebärden bis zum mit Verhaltenheit zu gestaltenden Gebet des Herrn eine sehr glaubwürdige und beglückende Erklärung und Starthilfe.

Silja Walter

Inhalt

Einleitung

Warum tanzen wir Christen nicht im Gottesdienst?

In den letzten Jahren ist immer häufiger zu beobachten, daß Tanz im religiösen Bereich zunehmend an Bedeutung gewinnt. Erinnert sei z.B. an die letzten Katholikentage in Berlin und München, oder an den österreichischen Papstbesuch, als anläßlich der Begegnung mit der Jugend eine Gruppe verschiedene Texte mit Tänzen verdeutlichte. Aber auch in den Gemeindegottesdiensten taucht heute in unseren Breiten der Tanz wieder auf. Dabei handelt es sich ja keineswegs um ein modernes Erscheinungsbild.

Der Tanz ist im Gegenteil eine uralte Gebetsform, die ausdrücklich in der Heiligen Schrift des Alten Testamentes erwähnt und empfohlen wird. Im letzten der 150 Psalmen ruft der Psalmist nochmals: „Lobt den Herrn mit Pauken und Tanz". Israel tat es von jeher.

Aber gilt der Aufruf nur dem erwählten Volk des Alten Bundes? Nicht ebenso den tanz- und glückshungrigen Jungen der Discoszene unserer Tage mit ihrem ohrenbetäubenden überdimensionierten Paukengedröhn? Und nicht unseren Kindern mit ihrer Freude am Trommeln und aller Art Schlagzeuge der Tanzmusik des Ursprungs?

Diese Sammlung von geistlichen Liedtänzen möchte zeigen, daß der religiöse Tanz auch im 20. Jahrhundert nach Christus ein Mittel ist, Gott mit größerer Freude zu loben.

Wenn im 84. Psalm der Sänger ausruft:
„Mein Herz und mein Leib jauchzen ihm zu,
ihm, dem lebendigen Gott"
ist es eher unwahrscheinlich, daß er dabei körperlich völlig unbewegt verharrt. Innerer Jubel drängt nach Ausdruck. Das bekannteste Beispiel aus dem Alten Testament ist David, der aus Freude am Herrn das hindernde Festgewand wegwarf und im Hemd vor

der Bundeslade und dem versammelten Volke mit ganzer Hingabe tanzte.

Warum sind wir Gläubigen des Neuen Bundes und vorab des Abendlandes immer noch so gehemmt, unseren Leib in das Gotteslob miteinzubeziehen? Abgesehen von einigen traditionellen Gebetshaltungen wie Stehen, Knien, Sitzen, Händefalten, sich Verneigen (bei den Priestern dazu noch die Orantehaltung) hat sich unser Körper in unseren Gottesdiensten in den schmalen Zwischenräumen der Bänke möglichst unbewegt zu verhalten. Sicher ist das gut und sinnvoll, ja notwendig, heute mehr denn je: Äußere Ruhe – innere Stille. Für alle. Für jeden. Schweigen. Bereitschaft zu hören. Mit dem ganzen Sein – auf das Wort des Herrn.

Aber es darf nicht die einzige Ausdrucksform in unseren Gottesdiensten bleiben. Wenn das gehörte und gesungene Wort in mir Gestalt annehmen will, drängt es den einen zum schweigenden Lob in Bildern, den andern zum Lob in Worten, zum gesprochenen Gebet, oder zum Lob in Liedern, dem gesungenen Gebet, oder zum Lob in Rhythmen und Gebärden, dem getanzten Gebet, der getanzten Verkündung.

Die vorliegende Sammlung von geistlichen Liedtänzen möchte helfen, die Bedeutung des Einbezuges des Leibes in die Gottesverehrung zu erhellen.

Wie die Sammlung der Liedtänze entstanden ist

In den letzten Jahren tanzte ich immer wieder mit Gruppen von Kindern, Jugendlichen und auch Erwachsenen in regelmäßigen Zusammenkünften zur Vorbereitung verschiedener religiöser Anlässe. Immer wieder erfuhren wir, wie befreiend und gemeinschaftsfördernd der Tanz aus dem Glauben wirkt, wie viele altbekannte verblaßte Lieder dadurch ganz neu erschlossen wurden, und vor allem, daß die Freude an Gott und das Loben und Preisen seiner Liebe durch das Tanzen eine neue größere Ausdrucksmöglichkeit erfuhr.

Zugleich tauchte immer wieder die Frage nach einem Buch auf, worin man alles nachlesen könnte und zudem weitere Anregungen finden würde. So entstand und wuchs der Plan, die Tänze zu sammeln und zu veröffentlichen.

Die Beispiele, die hier vorgestellt werden, sind mit wenigen Ausnahmen alle in Gruppen entstanden. Sie sind Gemeinschaftswerk, wobei jeder seine Ideen einbringen konnte, die dann zu einer von allen akzeptierten Gestaltung koordiniert wurden.

So danke ich an dieser Stelle ganz herzlich all denjenigen, die durch ihre Vorschläge zum Entstehen der Tänze beitrugen und somit auch zum Erscheinen dieses Arbeitsbuches.

Ich danke auch für alle Hilfen und Ermutigungen von seiten meiner Freunde.

Eine besondere Freude ist für mich die grafische Gestaltung durch Maria Meyer-Perrig. Anhand meiner Tanzbeschreibungen und ersten Skizzen gelang es ihr, Gebärden und Stellungen so ausgezeichnet darzustellen, daß die Skizzen in ihrer graziösen Beschwingtheit wirklich zum Tanz verlocken.

Was war das Kriterium der Liedauswahl?

Das Bedürfnis, durch Liedtänze vor allem Gott zu danken und ihn zu loben, legte es nahe, in erster Linie vertonte Texte aus den Psalmen und andern Schriftstellen zu gestalten. Von den 30 Liedern basieren 14 auf Schriftworten.

Daneben sind eine Auswahl von Texten gewählt worden, die von Kindern oder Jugendlichen oder von der ganzen Gemeinde mit Begeisterung aufgenommen wurden. Offensichtlich entsprachen sie einem Bedürfnis. Diesem entgegenzukommen, schien mir eine Verpflichtung, die stilkritische Bedenken an zweite Stelle rückte.

Da die Lieder während des Tanzens auswendig gesungen werden, wählten wir mit wenigen Ausnahmen vor allem einstrophige, so daß es keine großen Schwierigkeiten bereitet, sich den Text sofort zu merken.

Die kurzen Lieder können beim Tanzen je nach Choreographie beliebig wiederholt werden.

Für die musikalische Auswahl war unser Kriterium, daß die Lieder in Melodie und Rhythmus einfach und eingängig sind. Das schien vor allem wichtig.

Daß qualitative Unterschiede bestehen zwischen einfachsten Kanons und tonlich und rhythmisch schwierigen Melodien, macht die Wahl für das jeweilige Alter und Bedürfnis leichter.

Was bietet Hilfe beim Erarbeiten der Tänze?

1. Die Lieder

Sie sollen in der Regel vor dem Tanzen bekannt sein. Einstrophige Lieder können unmittelbar vor dem Einführen gelernt werden; mehrstrophige dosiert bei verschiedenen Gelegenheiten.

Ausnahme bilden textlich einfache mehrstrophige Lieder mit Gebärden ohne Standortwechsel (z.B. Nr. 11). Da kann jemand, der den ganzen Text und die entsprechenden Gebärden in sich hat, den ersten Satz jeder Strophe mit Gebärde vorsingen, so daß im zweiten alle mitsingen und mitmachen können.

2. Die Tänze

Urgebärden sind Vokabeln der Körpersprache, die jeder versteht. Wenn sie im Lied vorkommen, können sie im voraus beleuchtet und dadurch bewußt gemacht werden. Dies kann z.B. sehr eindrücklich geschehen durch das lebendige Erzählen einer Geschichte, in der diese Gebärde eine deutliche Rolle spielt.
Beispiel: Der verlorene Sohn kehrt heim zum Vater, fällt vor ihm nieder, umfängt seine Füße. Was wollte er damit dem Vater sagen? Kinder und Jugendliche werden ihre Interpretationen finden und nachher mit Spannung hören, was der Heimgekehrte gesagt, gedacht und wohl empfunden hat.

Empfinden wir alle gleich, wenn wir das *Vater unser* singen mit Gebärden? Stimmen wir der von der Tanzanweisung vorgeschlagenen Gestik zu? (Vgl. letztes Beispiel der Sammlung.)

Oder finden wir etwas, das uns allen noch besser und dem Text des Gebetes des Herrn noch näher kommt?
Vater *unser:* im Kreis geben sich alle die Hände.
Vater *im Himmel:* die Hände erfreut lösen und die Arme nach oben werfen, strecken, Blick nach oben, befreit.
Geheiligt werde dein Name: Voll Ehrfurcht in die Orante-Stellung übergehen. (Fortsetzung vgl. Nr. 30.)

Neben dem Bewußtmachen von Urgebärden – (methodische Hilfen dazu sind in Vorbereitung) gehören an den Beginn jeder Tanzstunde fröhliche spannende und ruhige entspannende Übungen in Verbindung mit Grundlagen der Atemtechnik und mit Stimmübungen (vgl. Heinrich Helmel, Vokal-Stimmen- und Sprech-Atem-Übungen).

Für Leiter von Tanzgruppen ohne musikalische und tänzerische Ausbildung könnte eine Einführung in elementare Rhythmik für eine kreative Arbeit von Lehrern und Schülern sehr hilfreich sein. (Vgl. Armin Schibler, Vom Körper zum Schlagzeug, Rhythmisch-kreative Grundschule, Verlag Eulenburg, 8134 Adliswil/Zürich.)

Sollen die Anleitungen zu den Tänzen möglichst genau befolgt werden? Ja und Nein.

Wie jeder Mensch seinen eigenen Sprachstil hat, so ist es auch in der Körpersprache, im Tanz. Ist es deshalb richtig, die Anleitungen für diese Liedtänze in jedem Falle genau zu befolgen? Nicht unbedingt. Die Vorschläge für Gebärde und Bewegung der Gruppen sind wohl aus mehrjähriger Gestaltungspraxis mit Kindern, Jugendlichen und Erwachsenen entstanden. Aber ich möchte jeden Benützer dieser Anleitungen einladen, Gesten, in denen er sich nicht finden kann, oder die ihm ungeeignet erscheinen für die Verwirklichung in einer besonderen Situation, besonders in einem öffentlichen Gemeindegottesdienst, abzuändern und durch eigene zu ersetzen. Auch möchte ich Mut machen, Lieder in eigene Tänze umzusetzen. Der Wunsch, selber auch kreativ zu sein, entsteht bei den meisten Gruppen, die einige Lieder gründlich erarbeitet und eingeübt haben, von allein. Es ist wie beim Erlernen einer Sprache: Sobald ein paar Vokabeln bekannt sind, möchte man diese auch benutzen. Wenn man sich als Leiter einmal auf dieses Wagnis einläßt, zum Beispiel im Religionsunterricht oder in einer religiös interessierten Gruppe, ist es immer wieder erstaunlich, wie vielfältig die Ideen sind, welch echte, überzeugende Tänze entstehen.

Wo können geistliche Liedtänze eingesetzt werden?

1. Im Religionsunterricht liegt eine ungenützte Möglichkeit. Die Juden haben (zur Zeit Jesu wahrscheinlich bereits) die Psalmen mit rhythmischen Bewegungen gelernt und gebetet, wiegendes Geradesitzen und sich Verneigen war eine Form, Sitzen und Aufstehen auf Zuruf des Chorleiters eine andere, dramatischere.

Wie fruchtbar könnte es sein, hier und da eine Religionsstunde für die Gestaltung eines Liedtanzes zu benützen und ihn zu Beginn oder zum Schluß der nächsten Stunde zu tanzen, bis er „in" ist. Ich habe selber nur gute Erfahrungen damit gemacht.

2. *Bei Zusammenkünften* von Kinder-, Jugend- und Erwachsenengruppen kann die Gelegenheit zum Tanzen genützt werden. Besonders geeignet sind Wochenenden und Ferienlager und Sing-Tanz-Kurswochen (auch in Verbindung mit Schwimmen oder Wandern etc.). Da kann länger und intensiver an der Gestaltung eines Tanzes gearbeitet werden. Und der Einsatz in einem Gruppengottesdienst ergibt sich ganz spontan.

3. *Im Gottesdienst* ist der Einsatz am sinnvollsten; egal, ob es sich dabei zunächst um einen Wortgottesdienst oder die Eucharistiefeier einer kleinen, für den Gebetstanz offenen Gruppe oder auch um den offiziellen Gottesdienst der Gemeinde handelt. In letzterem Fall muß besonders sorgfältig vorgegangen werden.

- Dabei ist es sehr wichtig, daß der Pfarrer der Gemeinde zuerst eine kurze Einführung gibt.
- Das beispielhafte Vortanzen einer geistlich und tänzerisch vorbereiteten Gruppe, die nicht Show, sondern Feier zur Ehre Gottes anstrebt, ist entscheidend.
- Der Gemeinde sollte die Möglichkeit gegeben sein, mindestens in der Refrainmelodie aktiv mitzumachen.

Warum ich diese Liedtänze aufgeschrieben habe

Mein innerstes Anliegen beim Sammeln und Aufnotieren dieser geistlichen Tänze ist es, nicht nur selber mit Gruppen zu tanzen, sondern möglichst viele zu verlocken, Gott zu loben und ihm zu danken aus ganzem Herzen, mit Leib und Seele, nicht nur in Worten und Liedern, sondern auch im Tanz.

Jauchzt vor Gott
alle Länder der Erde
spielt zum Ruhm seines Namens
verherrlicht ihn
mit Lobpreis. Psalm 66,2

Ich danke besonders Schwester Silja Walter, die sich seit vielen Jahren um den Tanz im Gottesdienst verdient gemacht und dazu einige Bücher geschrieben hat. Ich danke Frau Elisabeth Montalta, Luzern, die mir aus ihrer reichen Erfahrung mit Tanzgruppen mit Rat und Tat zur Seite gestanden ist. Sie war es, die z.B. zum Papstbesuch in der Schweiz exemplarische Tanzgottesdienste gestaltet hat.

Baden-Baden – Steinbach, im März 1986

Waltraud Schneider

Erstes Kapitel

Reigentänze

„Seinen Namen sollen sie loben beim Reigentanz“ (Ps 149,3). In diesem Abschnitt werden Lieder vorgestellt, die im Reigen getanzt werden, das heißt in Kreisform. Damit wird zum einen die Gemeinschaft der Betenden und Singenden betont, zum anderen die Ausrichtung zur Mitte hin – zu Gott. Deshalb wäre es besonders schön, wenn es die Räumlichkeiten (bzw. natürlich auch die Bewegungen des Liedes) erlauben, diese Reigen um den Altar zu tanzen. Auch sind die Bewegungen so einfach, daß immer alle mit einbezogen werden können.

1 *Lasset uns gemeinsam*

Zuerst stehen alle im Kreis und halten sich an den Händen.

Lasset uns gemeinsam, lasset uns gemeinsam, singen, danken, tanzen dem Herrn
Alle gehen rechts im Kreis herum.

Laßt uns das gemeinsam tun, singen, danken, tanzen dem Herrn
Alle gehen in die andere Richtung nach links.

singen, danken, tanzen dem Herrn
Alle wieder nach rechts.

singen, danken, tanzen dem Herrn
Alle wieder nach links.

singen, danken, tanzen dem Herrn
Alle wieder nach rechts.

singen, danken, tanzen dem Herrn

Alle lassen die Hände los, jeder dreht sich um sich selbst und klatscht dabei in die Hände.

Diesen Kanon kann man sowohl 2stimmig als auch 4stimmig singen. Die Kreise stehen dabei ineinander. Für den 4stimmigen Kanon werden mindestens 40 Tänzer benötigt.

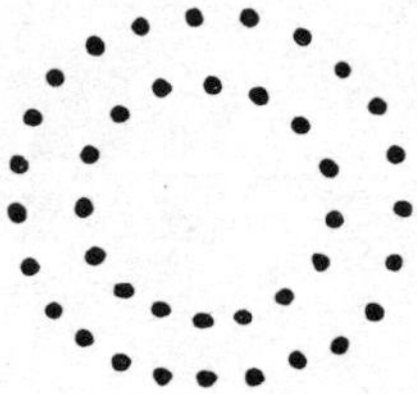

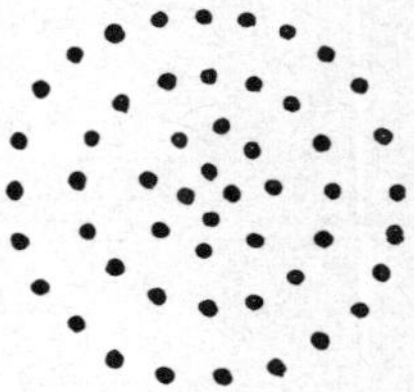

Der innerste Kreis beginnt. Die Einsätze mit Bewegungen erfolgen wie beim Singen.
Wenn nicht so viele Tänzer da sind, können auch kleine Kreise gebildet werden, die nebeneinander stehen.

2 *Wir versammeln uns zu dir*

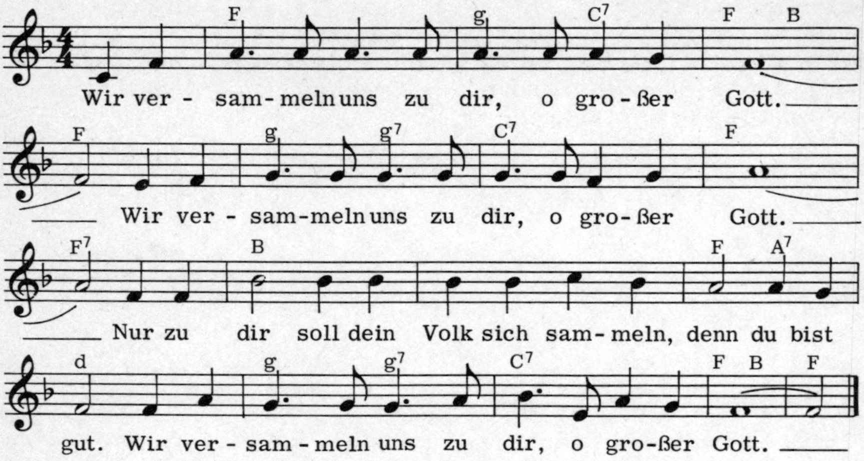

Die Anwesenden stehen in einem sehr großen Kreis, wobei der Abstand zwischen den einzelnen so groß ist, daß sie sich nicht an den Händen fassen können.

Wir versammeln uns zu dir, o großer Gott
Mit einem aufmunternden Blick zu den Kreisnachbarn treten alle ein paar Schritte vor, fassen sich an den Händen und bilden einen Kreis.

Wir versammeln uns zu dir, o großer Gott
Alle gehen nach rechts.

nur zu dir soll dein Volk sich sammeln
Alle gehen zur Kreismitte und strecken die durchgefaßten Hände in die Höhe.

denn du bist gut
Alle gehen wieder auseinander. Die Hände lösen sich und werden zu einer Schale zusammengelegt.

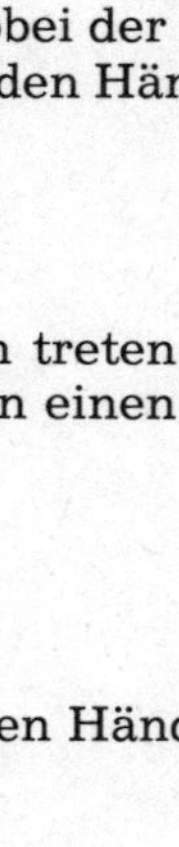

Wir versammeln uns zur dir

Alle gehen nach rechts und fassen sich dabei wieder an den Händen.

o großer Gott

Alle machen eine Kniebeuge und schauen nach oben. Die Arme werden nach oben gestreckt.

3 Bind uns zusammen

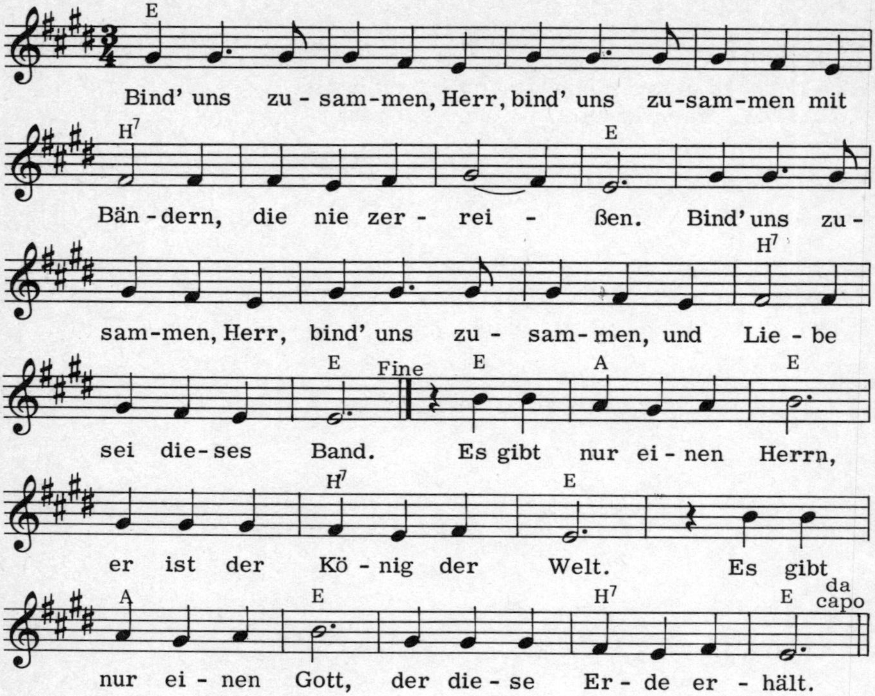

Bind uns zusammen, Herr … sei dieses Band

Alle Anwesenden stehen in einem engen Kreis. Die Hände sind durchgefaßt. Alle wiegen sich im Takt des Liedes.

Es gibt nur einen Herrn

Alle formen mit ihren Armen ein Kreuz: rechter Arm waagrecht, linker Arm senkrecht

Er ist der König der Welt

Das Kreuz wird etwas nach rechts abgekippt, beide Handflächen stehen senkrecht nach oben. Die Handflächen werden an die der Nachbarn gelegt und die Arme etwas nach oben gehoben: Im Kreis entsteht so das Bild einer Krone.

Es gibt nur einen Gott

Die Hände werden voneinander gelöst, die Überkreuzung der Arme aufgehoben, sie bleiben aber weiterhin nach oben gestreckt.

der diese Erde erhält

Jeder beschreibt mit seinen beiden Händen einen großen Kreis, bis sie sich ungefähr auf Brusthöhe zu einer Schale treffen.

4 *Dann wird die Jungfrau erfreuen sich am Tanz*

In diesem Reigen wird die Freude mit verschiedenen Bewegungen ausgedrückt, die z. B. auch immer wieder in der Bibel, besonders in den Psalmen, erwähnt werden: Reigen, Klatschen und Heben der Arme. Der ganze Körper ist in diese Freude mit einbezogen.
Ausgangsstellung: Kreisform, Hände durchgefaßt

Dann wird die Jungfrau ... sein zusammen

4/4 Takt, der sich wie folgt gliedert:

auf 1: Rechten Fuß mit Betonung nach vorn zur Kreismitte hin setzen und das Gewicht auf ihn verlagern.

auf 2: Gewicht auf linken Fuß verlagern.

auf 3: Rechter Fuß nach rechts stellen mit etwas Abstand zum linken Fuß.

auf 4: Linker Fuß nachziehen und neben den rechten stellen. Diese Schritte 4 × tanzen.

lei, lei, lei ...

Die Tanzenden lassen die Hände los, strecken ihre Arme trichterförmig nach oben und drehen sich um sich selbst. Beim 14. „lei" kann auch die Drehrichtung gewechselt werden.

Und Trauer wird verwandeln sich in Freud

Alle gehen mit vier Schritten zur Kreismitte.

xx x: Klatschen

denn ich will trösten sie im Leid

Alle gehen mit vier Schritten wieder zurück in die Ausgangsposition.

xx x: Klatschen

Und sie solln sich freun ...

Derselbe Schritt wie am Anfang des Liedes. Auf „sie" mit dem rechten Fuß beginnen.

Zweites Kapitel

Prozessionstänze

In diesem Kapitel werden zwei Tänze vorgestellt, die zum Ein- bzw. Auszug geeignet sind. Die Besonderheit bei diesen Liedern liegt darin, daß das Kommen oder Gehen durch kleine tänzerische Figuren ausgeschmückt wird, ähnlich wie bei einer Polonaise. Im ersten Augenblick mag das befremdend auf manche wirken. Doch wenn ich bedenke, daß Glaube nie etwas „Stehendes" ist, sondern immer ein „Auf-dem-Weg-sein", so scheint mir das gerade bei diesen Bewegungen gut zum Ausdruck zu kommen. (Es gab schon Gottesdienste, in denen die Teilnehmer ganz spontan zu einem rhythmischen Schlußlied auf diese Weise tanzten). Den Wegcharakter sollte man betonen.
Auch wenn im folgenden von „Paaren" die Rede ist, ist damit etwas anderes gemeint als bei den Gesellschafts-Paartänzen. So wie bei einem Einzug zwei Ministranten zufällig paarweise nebeneinander gehen, um dann gemeinsam Gott zu dienen, so geht es auch bei diesen Tänzen um das gemeinsame Gotteslob. Und so lösen sich diese Tänze entweder in einem Kreis um den Altar auf – Sinnbild dafür, daß Gott mitten unter der versammelten Gemeinde ist – oder indem alle Tänzer den Raum verlassen.

5 *Ich will einziehn in sein Tor*

Die Tanzenden stellen sich zu Paaren hintereinander auf und schreiten zum Altar. Wenn sie dort angelangt sind, stellen sich die beiden Tänzer des ersten Paares gegenüber und bilden mit ihren Händen ein Tor, indem sie die Handflächen aneinander legen bzw. sie im Rhythmus des Liedes aufeinander schlagen. Das zweite Paar schlüpft durch das Tor durch und stellt sich dahinter genau so auf. Ein Paar nach dem anderen schlüpft durch die immer länger werdende Gasse von Toren. Sind alle durch, schlüpft das erste Paar auch durch und stellt sich hinten wieder an. Die nächsten Paare wiederholen das ebenfalls. Die „Torschlange“ bewegt sich dabei insgesamt um den ganzen Altar. Wenn die Schlange den Altar einmal umkreist hat, bewegt sich nun das Paar, das gerade mit dem Durchschlüpfen an der Reihe wäre, in die entgegengesetzte Richtung. Die Tänzer gehen dabei hintereinander und halten sich an den Händen. Ein Paar nach dem anderen folgt ihnen, die Hände werden durchgefaßt, und sie bilden nun eine lange Reihe, die zum Schluß im Halbkreis (je nach Größe der Gruppe sogar im Kreis) um den Altar stehen.

6 *Geh! Geh! Geh den Weg*

Mögliche Formen:

a) Alle fassen sich an den Händen und gehen im Kreis.

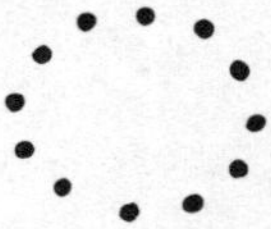

b) Der erste Partner des führenden Paares läßt die Hände des vor ihm gehenden los und biegt in Richtung Kreismitte ab. Alle folgen ihm.

c) Auf der anderen Seite angekommen, biegt der erste nach rechts, der zweite nach links, der nächste wieder nach rechts usw ab. Beide gehen im Halbkreis zurück, bis sie sich wieder treffen.

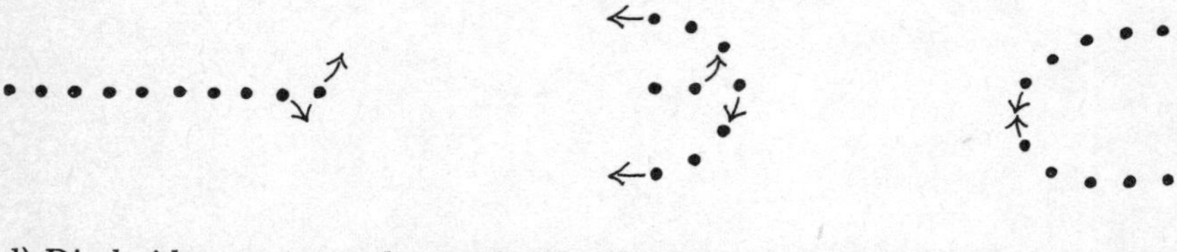

d) Die beiden ersten geben sich die Hände und biegen als Paar in Richtung zur Kreismitte ab. Die zweiten und alle anderen bilden ebenso ein Paar und folgen dem ersten, bis alle paarweise hinter dem ersten hergehen.

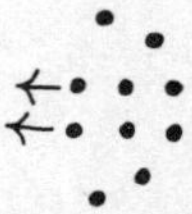

e) Das erste Paar bildet nun wie im oben beschriebenen Lied mit den Händen ein Tor. Die nachfolgenden schlüpfen durch und bilden dann ebenso ein Tor.

f) Wenn alle Paare durch sind und als Mitglied in der Torschlange stehen, schlüpft das erste (jetzt das letzte) Paar durch, schließt sich aber nicht an, sondern faßt sich wieder an der Hand und geht weiter. Alle nachfolgenden Paare schließen sich an, bis wieder eine große Schlange da ist, die sich wieder zum Kreis zusammenfindet (Ausgangsposition). Zum Zeichen, daß das Lied bzw. der Tanz nun fertig ist, heben alle die Hände hoch.
Selbstverständlich können dazwischen noch andere Formen eingefügt werden. Das erste Paar führt die anderen an. Diese beiden Partner müssen die Reihenfolge und die Figuren abgesprochen haben, für die anderen Tanzenden können alle Figuren unbekannt sein, die sie nur immer wieder nachzumachen brauchen.

Drittes Kapitel

Lobtänze

Die folgenden Lieder sind Loblieder, die in Bewegungen umgesetzt wurden. Schon in den Psalmen ist ein direkter Zusammenhang zu spüren zwischen Freude, Lobpreis und Tanz. In Psalm 30,12–13 heißt es: „Da hast du mein Klagen in Tanzen verwandelt, hast mir das Trauergewand ausgezogen und mich mit Freude umgürtet. Darum singt dir mein Herz und will nicht verstummen. Herr, mein Gott, ich will dir danken in Ewigkeit." In manchen Übersetzungen heißt es statt „danken" „preisen", da die hebräische Sprache kein eigenes Wort für danken kennt. Immer wieder bestätigen Menschen nach dem Tanzen zur Ehre Gottes, daß Gebärden im Vergleich zur Sprache eine viel größere Möglichkeit eröffnen, Gott zu loben und der Freude am Herrn Ausdruck zu geben.
Auf eine Geste sei hier besonders aufmerksam gemacht: Die Arme trichterförmig nach oben heben. Es ist eine uralte Gebetsgebärde (Orante-Stellung). Wer diese Geste einmal nachvollzieht, stellt fest, wie befreiend sie ist: Nach oben geöffnet, d.h. von mir weg zum DU hin, zu dem, der für uns da ist. In dieser Bewegung kann der Tanzende Gott seine Hoffnung, sein Vertrauen und seine Freude ausdrücken.

7 *Herr, du hast mein Klagen in Tanzen verwandelt* (Ps 30,12.13)

Ausgangsstellung: Kreisform, hockend

Herr, du hast mein Klagen in
Die Tanzenden drehen sich von der Hocke ausgehend um sich selber bis sie aufrecht stehen, die Arme trichterförmig nach oben ausgebreitet.

Tanzen verwandelt

Arme oben lassen, im Rhythmus des Liedes das Körpergewicht abwechselnd auf beiden Beinen verlagern und dabei leicht mit dem ganzen Körper mitwiegen.

Herr, du hast mich bekleidet mit Freude und Jubel

Immer zwei Tanzende sind zusammen, die ihre rechte Hand auf die rechte Schulter ihres Partners legen. Die linken Hände werden über den Köpfen zu einem Bogen zusammengelegt. Die Paare drehen sich um sich selbst.

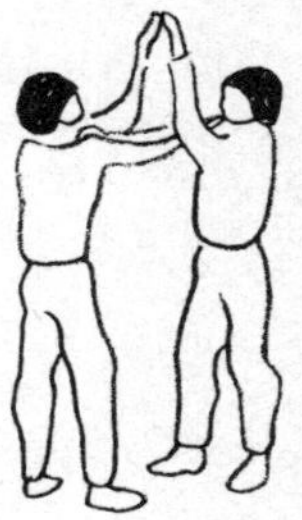

Dir singt mein Herz

Wieder in die Kreislinie treten, nach außen schauen, mit den Händen eine Schale in Brusthöhe bilden und nach oben heben.

Und es will nicht verstummen

Eine Halbdrehung machen, so daß alle wieder zur Kreismitte hinschauen. Die Arme herunternehmen und dann schwungvoll nach oben heben zur Kreismitte hin.

Herr, mein Gott, dir sei Preis und Dank in Ewigkeit

Die Hände werden durchgefaßt, und der Kreis dreht sich mit folgendem Tanzschritt nach rechts:
auf 3: Rechter Fuß nach rechts setzen.
auf 4: Linker Fuß hinter dem rechten überkreuzen.
auf 1: Rechter Fuß nach rechts setzen.
auf 2: Linker Fuß vor dem rechten überkreuzen.
Das Lied kann auch so getanzt werden, daß zuerst zwei tanzen, dann diese sich jeweils zwei neue Partner suchen und diese dann auch wieder, so daß allmählich alle tanzen. Die Bewegungen sind allerdings etwas schwieriger und müßten vorher kurz erklärt werden.

8 *King of Kings*

King of kings and

Hände vor der Brust überkreuzen, wobei die Handflächen senkrecht gehalten werden (Krone), langsam die überkreuzten Arme in die Höhe bewegen.

Lord of Lords

Hände auseinander nehmen, bis Arme trichterförmig geöffnet sind.

Glory

in die Höhe springen

Halleluja

Arme trichterförmig nach oben strecken, jeder dreht sich schwungvoll um sich selbst.

Jesus, prince of peace

Zuerst mit den Armen ein Kreuz formen: Der rechte Arm ist waagrecht, der linke Arm senkrecht dazu, dann die Arme bewegen, als würde man ein Kind wiegen, zur Erinnerung an Jesus, als er als kleines Kind zu uns Menschen gekommen ist, um uns den Frieden zu bringen.
Der Rest wie oben.

Folgende Lieder stehen in der Ich-Form. Dennoch werden sie zu zweit oder in der Gemeinschaft getanzt aus einem ganz bestimmten Grund: Freude ist ansteckend und will mitgeteilt sein, besonders auch die Freude an Gott. Und so wählten verschiedene Gruppen bewußt diese Form des Miteinandertanzens, um so den Zeugnischarakter zu unterstreichen.

9 *Ich lobe meinen Gott* (Psalm 9,2–3)

Dieses Lied wird zu zweit getanzt.

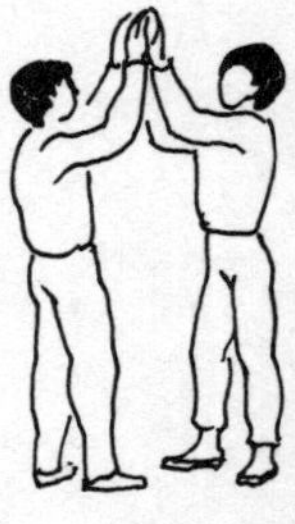

Ich lobe meinen Gott

Die beiden Partner stehen einander gegenüber und legen jeweils zwei Handflächen aneinander, diese werden langsam hochgehoben.

von ganzem Herzen

Die zusammengelegten Hände beschreiben nach rechts und links je einen großen Bogen.

Und ich will erzählen von all seinen Wundern und singen seinem Namen

Die beiden Partner legen die Handflächen ihrer rechten Hand aneinander. Die linken Arme sind leicht angewinkelt seitwärts ausgestreckt, die Hände zu nach oben geöffneten Schalen geformt. Das Paar geht im Kreis, wobei ihre aneinandergelegten Hände der Punkt sind, um den sie sich drehen.

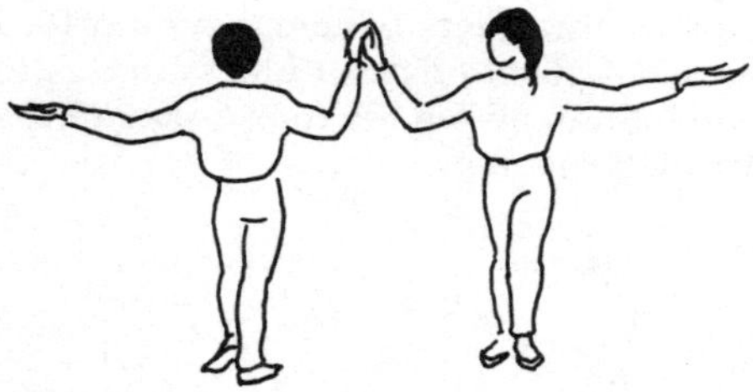

Ich lobe meinen Gott von ganzem Herzen: s.o.

Ich freue mich

Beide Tanzenden drehen sich schwungvoll um sich selber. Der Arm in Drehrichtung ist leicht angewinkelt, der andere locker ausgestreckt, somit wird der Drehschwung unterstützt.

und bin fröhlich, Herr, in dir! Halleluja!
Die Arme leicht nach oben angewinkelt ausbreiten und sich im Takt der Musik hin und her bewegen.

Dieses Lied kann den Anwesenden so gelehrt werden, daß es zunächst von einem Paar ein- oder zweimal vorgetanzt wird. Dann fordert jeder der beiden einen der Anwesenden zum Mittanzen auf. Die beiden Neuen werden nun durch das Tun der Bewegungen sicherer, die anderen durch das erneute Zuschauen. Beim nächsten Mal holen sich alle vier wieder neue Partner, die später ihrerseits wieder neue auffordern, bis schließlich alle tanzen. Da es in den seltensten Fällen am Schluß genau aufgeht, kann man, wenn man keinen neuen Partner findet, einfach Partnerwechsel mit schon Tanzenden machen.

10 *Ich will deinen Namen preisen* (nach Psalm 145)

Zwei zahlenmäßig gleichstarke Gruppen von Tanzenden stehen sich in zwei Geraden gegenüber im Abstand von etwa 9 Schritten. Alle gehen in die Hocke.

Ich will deinen Namen preisen

Die Tanzenden bewegen sich aus der Hocke heraus in den aufrechten Stand, wobei sie sich um sich selber drehen und die Arme langsam hoch heben.

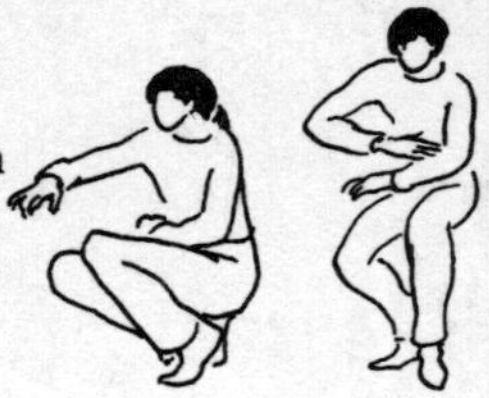

unter deinem Volk

Jeder zweite macht einen kleinen Schritt nach vorne und streckt die Arme seitwärts nach oben aus. Bei der zweiten Silbe treten die Hintenstehenden unter den entstandenen Armtoren hindurch und bilden ihrerseits wieder mit ihren Armen ein Tor. Das Ganze wird nochmals wiederholt, wobei auf dem Wort „Volk" die Schritte wieder etwas kleiner sein sollten, damit die beiden Gruppen wieder jeweils auf einer Linie stehen, dieses Mal näher zusammen.

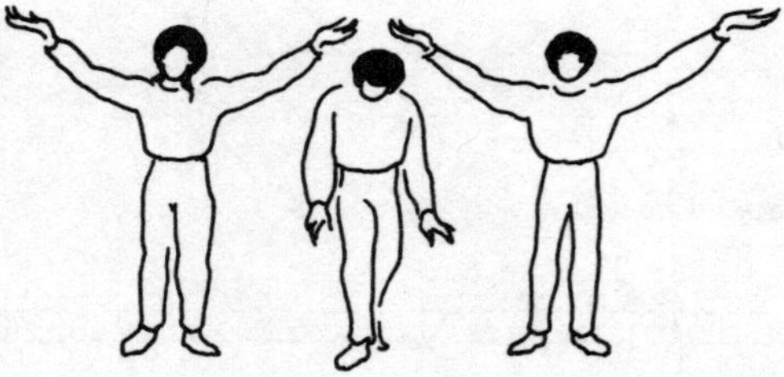

Denn allein du bist heilig und

Alle formen mit ihren Händen auf Brusthöhe eine Schale und heben sie langsam nach oben.

wohnst in dem Lobgesang Israels

Immer zwei nebeneinanderstehende Tanzende bilden zusammen mit den ihnen gegenüberstehenden Tanzenden eine Gruppe. Die Vierergruppe legt oben die Hände zusammen, und langsam senken sich die Arme.

x: Klatschen

Laß uns feiern deine Güte

Die Tanzenden einer Vierergruppe legen ihre rechten Hände zusammen und tanzen um den so entstandenen Mittelpunkt.

x: Klatschen

deiner Liebe Macht

Alle machen eine Halbdrehung, legen ihre linken Hände zusammen und tanzen wieder um diesen Punkt, bis sie wieder auf der ursprünglichen Linie stehen.

Hochgerǘhmt sei dein Náme óben im

Die Arme werden trichterförmig nach oben genommen. Auf die betonten Silben gehen alle Tanzenden wieder einen Schritt zurück, so daß der Abstand zwischen den beiden Reihen wieder größer wird.

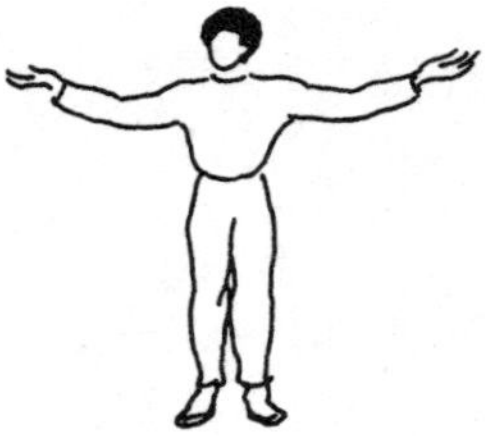

Himmel und

Jeder Tanzende macht eine Drehung um sich selbst und dabei nochmals einen Schritt zurück, so daß alle wieder auf der Ausgangslinie stehen. Die Arme werden dabei oben gelassen.

hier auf Erd

Ein Knie beugen, die Arme ausgestreckt lassen.

Viertes Kapitel

Verkündigungstänze

In diesem Kapitel sind Lieder mit den dazugehörigen Gebärden und Tänzen beschrieben, die einen ausgesprochenen Verkündigungscharakter haben, das heißt, sie erzählen von Gott und stehen fast immer in „Er-Form“; die direkte Anrede Gottes wie bei einem Gebetslied fehlt. Zum Teil werden sie vorgetanzt, manche eignen sich aber auch für die ganze Gemeinde zum Mitmachen.

11 *Er hält die ganze Welt in seiner Hand*

1. Er hält die ganze Welt in seiner Hand
2. Er hält die Blumen und die Vögel in seiner Hand. 3mal
   Er hält die ganze Welt in seiner Hand.
3. Er hält den Wind und den Regen in seiner Hand.
4. Er hält den Blitz und den Donner in seiner Hand.
5. Er hält das Wasser und die Fische in seiner Hand.
6. Er hält die Berge und die Täler in seiner Hand.
7. Er hält die Häuser und die Straßen in seiner Hand.
8. Er hält die Großen und die Kleinen in seiner Hand.
9. Er hält die Dicken und die Dünnen in seiner Hand.
10. Er hält den Vater und die Mutter in seiner Hand.
11. Er hält auch dich und mich in seiner Hand.
12. Er hält uns alle in seiner Hand.

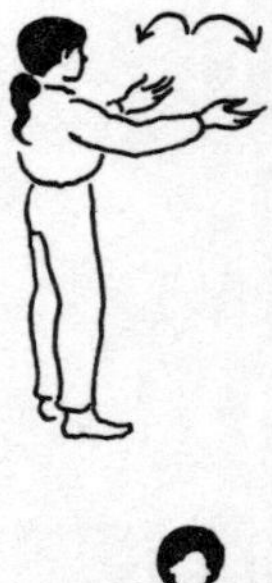

1. Er hält die ganze Welt

Mit beiden Händen einen großen Kreis beschreiben.

in seiner Hand

Mit beiden Händen eine Schale bilden.
Am Schluß jeder Strophe wird dies wiederholt
als eine Art Refrain.

2. Er hält die Blumen

Mit den Händen einen Kelch bilden.

und die Vögel
Mit beiden Händen Flugbewegungen machen.

in seiner Hand s.o.

3. Er hält den Wind
Mit der rechten Hand vor dem Körper eine schwungvolle Hin- und Herbewegung machen.

und den Regen
Tröpfelbewegung mit den Fingern von oben nach unten.

4. Er hält den Blitz
Mit dem rechten Arm eine schnelle Bewegung von oben nach unten machen.

und den Donner
In die Hände klatschen und einmal stampfen.

5. Er hält das Wasser
Mit beiden Händen sanfte Wellenbewegungen machen von der Mitte nach außen.

und die Fische
Beide Handflächen ineinander legen und schlängelnde Bewegungen machen, vom Körper weg.

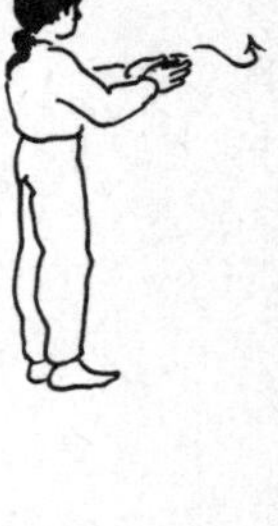

6. Er hält die Berge und die Täler
Mit dem rechten Arm zuerst eine Wellenbewegung aufwärts und dann eine abwärts machen.

7. Er hält die Häuser
Mit beiden Händen ein Dach formen.

und die Straßen

Handflächen nach unten und eine waagerechte Bewegung machen, als würde man etwas glatt streichen.

8. Er hält die Großen und die Kleinen

Arme ganz hoch, Arme ganz tief halten.

9. Er hält die Dicken

Mit beiden Händen einen riesigen Bauch durch einen weiten Kreis andeuten.

und die Dünnen

Hände wieder an den Bauch legen.

10. Er hält den Vater und die Mutter

Bewegungen mit den Armen machen, als würde man ein Baby wiegen.

11. Er hält auch dich und mich

Auf jemand anders und auf sich selber zeigen.

12. Er hält uns alle

Arme weit auseinanderstrecken und sich gegenseitig anschauen.

Dieses Lied eignet sich gut, eigene Texte und Bewegungen zu erfinden. Obwohl das Lied sehr einfach ist und es daher schon kleine Kinder sehr gerne singen, kann es durchaus auch von der ganzen Gemeinde gesungen werden und spricht durch die Grundaussage des Vertrauens auch Erwachsene an.

12 *Wenn Gottes Geist auch uns erfaßt* (nach 2 Sam 6,5)

(für Kinder)

2. Wenn Gottes Geist ... preisen wir
3. Wenn Gottes Geist ... klatschen wir
4. Wenn Gottes Geist ... tanzen wir

Ausgangsstellung: Kreisform, Hände hängen lose herunter.

singen: Mit den Händen vom Mund weg eine Bewegung nach seitwärts oder vorne machen. Mit beiden Händen abwechseln.

preisen: Die Arme schräg nach oben strecken und im Rhythmus hin und her bewegen.

klatschen: im Rhythmus klatschen.

tanzen: An den Händen fassen und im Kreis umhergehen oder alle hüpfen und bewegen sich frei im Raum.

Die Bewegungen setzen dann zum ersten Mal ein, wenn die entsprechende Tätigkeit zum ersten Mal erwähnt wird, im zweiten Teil werden sie durchgängig gemacht bis zum Beginn der nächsten Strophe. Dieses Lied kann auch schon mit kleineren Kindern im Vorschulalter gesungen werden.

13 *Ich bin glücklich* (für Kinder)

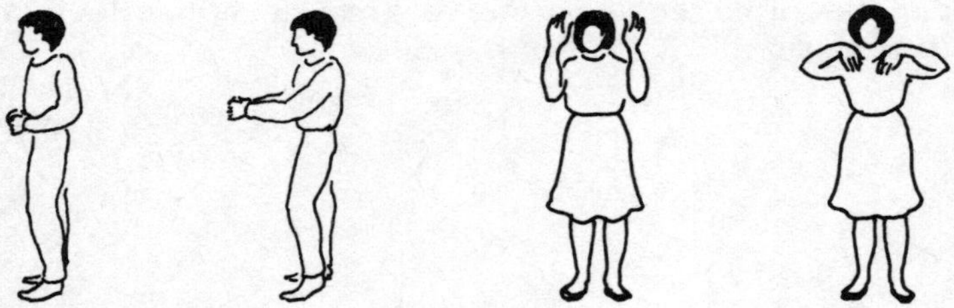

innen *außen* *oben* *unten*

glücklich állezéit
3mal in die Hände klatschen.

Jesus: Mit den Fingern nach oben oder auf ein Kreuz zeigen.

Sünde: Handflächen parallel halten und sie um sich drehen.

von mir nahm: eine Wegwerfbewegung über die Schulter machen. Der Rest wie oben.

14 *Fröhlich! Fröhlich!*

Ausgangsstellung:
Die Tanzenden bilden einen Kreis, der linke Fuß etwas nach vorne gestellt zur Kreismitte hin.

fröhlich
Die Tanzenden klatschen auf die erste Silbe einmal in die Hände und beschreiben einen großen Kreis in der Luft.

fröhlich
Alle wenden den Oberkörper nach außen und verlagern dabei das Gewicht auf das rechte Bein. Wiederum klatschen und einen Kreis formen.

ist das Volk, dessen Gott ist der Herr

Alle gehen in die Hocke. Sie richten sich langsam auf und strecken dabei die Arme seitlich nach oben, so daß sich die Arme mit denen der Nachbarn kreuzen (Krone!). Nach „Herr" 3mal klatschen.

früh such ich sein Angesicht

Alle gehen in die Hocke, senken den Kopf und heben die Hände mit den Handflächen nach oben vor sich hin. In dieser Stellung verharren.

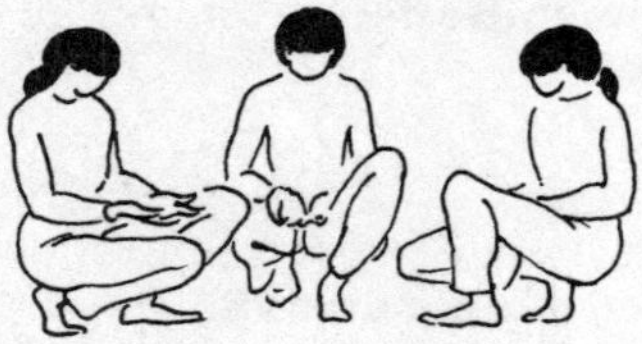

dien ihm bis Sein Tag anbricht

Die Hände in die der Kreisnachbarn legen – immer mit den Handflächen nach oben – und sich dabei freundlich anschauen.

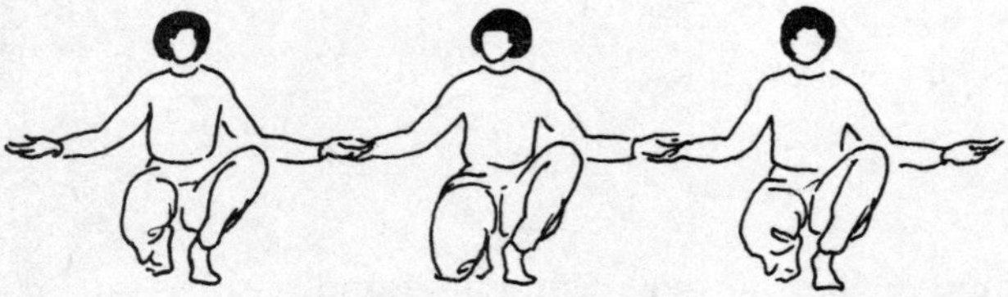

Ich vertrau auf Gott den Vater, er weist mir den Weg

Langsam aufstehen und sich nach außen drehen. Mit den Armen eine weit ausholende Bewegung machen.

15 *Freut euch in dem Herren allezeit* (Phil 4,4)

Freut euch in dem Herren allezeit
Alle werfen die Arme nach oben und breiten sie trichterförmig aus.

abermals sag ich: freut euch
Die Arme oben lassen und sich um sich selber drehen.

xx: Mit den Füßen stampfen.

freut euch, freut euch
2mal die Arme nach oben werfen.
Alles andere wie oben.

16 *Klatscht in die Hände*

2. Stampft mit den Füßen, lobet Gott!
3. Hebt die Arme, lobet Gott!
4. Tanzt im Reigen, lobet Gott!

1. Klátscht ín die Hä́ndé, lóbet Gott

5mal klatschen, wobei die Hände immer mehr nach oben steigen. Nach dem 5. Mal Arme oben ausbreiten.

Refr.: Lobet Gott

Alle Tanzenden gehen zwei Schritte zur Kreismitte hin. Dabei werden die Arme wieder herunter genommen und wieder hochgehoben.

Lobet Gott

Alle drehen sich in linker Richtung einmal um sich selbst, die Arme werden herunter genommen und wieder hochgehoben.

Lobet Gott

Alle Tanzenden machen nach links eine Halbdrehung und gehen einen Schritt nach außen. Die Arme herunternehmen und wieder hochheben.

Lobet Gott

Alle Tanzenden machen wieder eine Halbdrehung und dabei einen Schritt nach außen, so daß sie wieder wie am Anfang auf einer relativ großen Kreislinie stehen. Die Arme bleiben dieses Mal oben.

2. Stampft mit den Füßen

auf 1 wird der rechte Fuß nach rechts gesetzt.
auf 2 wird der linke Fuß nachgezogen und neben den rechten gestellt.
auf 3 und 4 wie auf 1 und 2.

lobet Gott

Arme trichterförmig nach oben heben.

stampft mit den Füßen
Dasselbe wie oben, nur beginnt dieses Mal der linke Fuß.

lobet Gott s.o.

3. Hebt die Arme
Arme trichterförmig nach oben erheben.

lobet Gott
Alle Tanzenden drehen sich einmal um sich selbst.

4. Tanzt im Reigen, lobet Gott
Die Hände werden durchgefaßt, der Kreis geht nach rechts. Es kann auch ein Tanzschritt angewendet werden, wie in Lied Nr. 4 beschrieben.

17 *Hallelu, Hallelu, Hallelu, Halleluja! Preiset den Herrn!* (Ri 5,2)

Für eine Gruppe von 10 bis 20 Tanzenden. Dieser Tanz ist etwas schwieriger und erfordert eine gewisse Zeit des Einübens.
Die Tanzenden teilen sich in einen zahlenmäßig gleich großen Innen- und Außenkreis auf. Der Innenkreis schaut nach außen und die Tanzenden stehen genau einer Lücke dem Außenkreis gegenüber. Die Hände sind durchgefaßt.

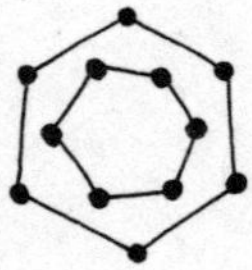

Hallelu, hallelu, hallelu, halleluja

Beide Kreise drehen sich nach rechts, so daß sie bei der letzten Silbe wieder an derselben Lücke stehen wie am Anfang. Da der Innenkreis nach außen schaut, ist die Bewegungsrichtung gegenläufig.

Preiset den Herrn

Die Außenstehenden heben die Arme hoch, so daß die innen Tanzenden hindurchtreten können wie durch ein Tor. Sowohl die nun Außenstehen-

den als auch die Innenstehenden machen eine Halbdrehung, so daß sie sich wieder anschauen. Die Hände werden durchgefaßt, so daß sie wieder die Ausgangsstellung haben mit vertauschten Rollen.

Hallelu, hallelu ... preiset den Herrn

Bewegungen wie oben. Nun steht der ursprüngliche Außenkreis wieder außen. Die Halbdrehung wird auch wieder gemacht, so daß sich die Tanzenden der verschiedenen Kreise wieder anschauen können, doch die Hände werden dieses Mal nicht durchgefaßt.

Preiset den Herrn, halleluja

Die Tanzenden fassen mit ihrer rechten Hand den schräg rechts gegenüberstehenden Tanzenden des anderen Kreises an der rechten Hand, und zusammen drehen sie sich anderthalbmal um sich selbst, so daß nun der ehemals Außenstehende innen steht und umgekehrt.

Preiset den Herrn, halleluja

Die linke Hand faßt die linke Hand des schräg links stehenden Tanzenden des anderen Kreises, die rechte Hand wird losgelassen. Jedes neue Paar tanzt nun wieder eine 1½ Drehung, dieses Mal in entgegengesetzter Richtung. Nun steht der ehemals Außenstehende wieder außen.

Preiset den Herrn, halleluja

Die rechte Hand faßt wieder die rechte Hand des schräg rechts stehenden Tanzenden des anderen Kreises, die linke Hand wird losgelassen. Nun machen die neu entstandenen Paare wieder eine 1½ Drehung, so daß dieses Mal der ehemals Außenstehende wie nach der ersten Drehung innen steht.

Preiset den Herrn

Es findet nochmals ein Partnerwechsel statt, indem mit der linken Hand der schräg links stehende Tanzende gefaßt wird, während die rechte Hand losläßt. Aber die Paare drehen sich nicht mehr, sondern die Außenstehenden (also der ursprüngliche Innenkreis) lehnen sich nach außen und die Innenstehenden nach innen, wobei die freien Hände diese Bewegung unterstreichen durch einen großen Bogen über den Kopf in die Richtung, in welche die einzelnen Tänzer sich lehnen.

18 *Vom Aufgang der Sonne*

Die Ausgangsposition der Tanzenden ist beliebig.

Vom Aufgang der Sonne bis zu ihrem Niedergang
Alle stehen in gebückter Haltung, beide Arme sind an der linken Seite gestreckt neben den Beinen. Es wird mit den Armen ein weiter Kreis über den Kopf – die Tanzenden richten sich dabei auf – bis zur rechten Seite neben den Beinen beschrieben, wobei dann wieder eine gebückte Haltung eingenommen wird.

sei gelobet der Name des Herrn
Sich aufrichten und die Arme langsam nach oben heben.

sei gelobet der Name des Herrn
Langsam um sich selbst drehen und die Arme dabei nach oben gestreckt lassen.

19 Ja, vom Aufgang der Sonne

Ja, vom Aufgang der Sonne

Beide Arme werden waagerecht nach links ausgestreckt, die beiden Handflächen werden aufeinander gelegt. Der rechte Arm wird ausgestreckt über den Kopf nach rechts geführt.

Bis zu ihrem Niedergang

Der linke Arm wird über dem Kopf nachgezogen, bis beide Handflächen wieder aufeinanderliegen.

Sei gelobet der Name des Herrn
Die Arme werden leicht angewinkelt nach oben gehoben, die Hände senkrecht nebeneinander, die Handrücken zum Gesicht hin. Die Hände werden in waagerechter Richtung nach außen geführt, als würde man einen Vorhang vor einem Schild wegschieben.

Preiset den Herrn
Zwei Tänzer legen ihre Handflächen aneinander und beschreiben einen großen Kreis.

Preist ihn alle Knechte des Herrn
Dasselbe wie oben mit anderen Partnern.

Preiset den Namen des Herrn
Bewegung wie oben „sei gelobet der Name des Herrn“.

Lobet laut den
3mal klatschen.

Namen des Herrn/von nun an fort
Wieder zu zweit Kreise beschreiben s.o.

bis in Ewigkeit
Arme trichterförmig nach oben strecken.

Als kleine Meditation bei diesem Lied ist es möglich, bei „sei gelobet der Name des Herrn“ einen Moment in Stille zu verharren. Jeder versucht, sich den Namen oder einen der Hoheitstitel Gottes auf seinem imaginären Schild vorzustellen. Jeder kann dazu seine Gedanken äußern.

20 *Lobet und preiset ihr Völker den Herrn*

Ausgangsstellung
Kreisform, Hände durchgefaßt

Lobet und preiset ihr Völker den Herrn
Die Tänzer bewegen sich mit dem rechten Fuß beginnend zur Kreismitte. Zuerst zwei langsame Schritte, dann vier schnelle.

freuet euch seiner und dienet ihm gern
Dasselbe rückwärts, rechter Fuß beginnt wieder.

All ihr Völker
Alle drehen sich mit ausgestreckten Armen nach rechts um sich selber.

lobet den Herrn
Arme schräg nach oben strecken.

Wenn dieses Lied im Kanon getanzt wird, numeriert man den Kreis durch auf drei. Die Hände sind nun losgelassen. Die mit der Nummer 1 beginnen und fassen sich in der Mitte mit den Händen kurz durch und lösen sie beim Zurückgehen wieder. Die anderen Stimmen setzen mit den Bewegungen, entsprechend dem Lied, versetzt ein.

21 *Kommt, lobt den Herrn* (Psalm 134,1–2)

Kommt, lobt den Herrn, alle Diener unseres Herrn

Es ist keine besondere Ausgangsstellung erforderlich. Jeder beginnt von dem Ort aus, wo er sich gerade befindet, mit den Händen einladende Bewegungen zu machen, auf andere zuzugehen und sich gegenseitig freundlich anzuschauen.

die ihr steht des nachts

Die Tanzenden bleiben stehen und senken die Köpfe.

im Haus des Herrn

Die Köpfe heben und nach oben schauen.

die Hände hebt auf im Heiligtum

Die Arme werden langsam nach oben gehoben.

und lobt den Herrn

Mit erhobenen Armen um sich selber drehen.

und lobt den Herrn

Die Knie beugen, Arme dabei nach oben gestreckt lassen.

22 *Schalom chaverim*

Ausgangsstellung: Ein großer Kreis, Hände nicht durchgefaßt.

Schalom chaverim

Jeder zweite Tänzer macht einen Schritt zur Kreismitte hin. Die Handflächen sind zuerst wie zum Gebet aneinandergelegt. Die Hände werden schwungvoll nach oben geführt, wo sie sich zu einem Halbkreis öffnen bis jeder Tanzende seine Arme trichterförmig nach oben gestreckt hält, Handflächen nach unten. Der Abstand zum Kreisnachbarn sollte nun so bemessen sein, daß die Fingerspitzen sich gerade berühren und dadurch ein Tor gebildet wird.

Schalom chaverim

Die nun Außenstehenden machen dieselben Bewegungen wie oben. Allerdings machen sie einen etwas größeren Schritt, so daß sie durch das „Tor", das die anderen mit ihren Armen gebildet haben, durchschreiten können und nun als Innenkreis auch wieder Tore bilden mit den Armen.

Schalom

Der Außenkreis wiederholt die Bewegungen wie oben beschrieben und bildet so den neuen Innenkreis.

Schalom

Der jetzige Außenkreis wiederholt obige Bewegungen und ist somit innen.

Le-

Alle legen die Arme um die Schulter ihrer Kreisnachbarn.

hitraot le-

Der Innenkreis bewegt sich nach rechts, der Außenkreis nach links mit folgenden Schritten: (Für Innenkreis erklärt)
zuerst rechten Fuß nach rechts stellen
dann linken Fuß nachziehen
beides wiederholen.

hitraot scha-

Dasselbe wie oben nur in die andere Richtung, also Innenkreis nun nach links, der Außenkreis nach rechts. Auf die Silbe „scha" werden die Hände losgelassen, der Innenkreis zieht den rechten Fuß nicht mehr ganz an den linken heran, sondern macht eine Halbdrehung und schaut nun nach außen.

-lom

Der Innenkreis macht einen Schritt nach außen und tritt dabei zwischen denselben zwei Tanzenden des Außenkreises hindurch, zwischen denen er vorher zur Mitte getreten ist. Die Arme werden wieder so bewegt wie zum Beginn des Liedes.

schalom

Nun macht auch der jetzige Innenkreis eine Halbdrehung und wiederholt die Bewegungen des Anfangs, nur eben nun nach außen.

Wenn das Lied mit Tanz nochmals wiederholt wird, ist darauf zu achten, daß die Schritte nach außen recht groß sind. Der Außenkreis macht eine Halbdrehung und wiederholt die Bewegungen, die am Anfang beschrieben sind, der Innenkreis folgt dann beim zweiten „Schalom chaverim".

23 *Die Herrlichkeit des Herrn* (Psalm 104,31 und 33)

Wir brauchen eine gerade Anzahl von Tänzern, die sich in zwei Gruppen aufteilen. Diese stehen – immer abwechselnd – in einem großen Kreis weit auseinander.

Die Herrlichkeit des Herrn bleibet ewiglich

Die erste Gruppe tritt zur Kreismitte, bildet dort einen sehr engen Kreis und geht in die Hocke. Die zweite Gruppe bildet darum einen Kreis. Auch sie reichen sich die Hände, bleiben aber stehen.

Der Herr freue sich seiner Werke

Der innere Kreis steht langsam auf und streckt dabei die in der Mitte zusammengelegten Handflächen hoch. Der äußere Kreis geht währenddessen langsam in die Hocke.

Ich will singen dem Herrn mein Leben lang

Der innere Kreis breitet die Arme aus, läßt aber die Handflächen aneinandergelegt, dadurch entsteht das Bild der Krone.
Langsam werden die zusammengelegten Hände nach hinten geneigt. Zugleich stehen die äußeren Tanzenden auf und schlüpfen mit ihrem Kopf unter den entstandenen Armbogen des inneren Kreises durch. Die Inneren machen zugleich einen Schritt rückwärts, so daß ihr Kreis größer wird und nun alle auf einer Kreislinie stehen.

Ich will loben meinen Gott

Der vorher äußere Kreis läßt nun seine Hände los, und jeder Tanzende des vorher äußeren Kreises geht mit seinem ganzen Körper durch die Bogen durch und hebt dann seine Arme senkrecht in die Höhe.
Die Tanzenden des zuerst inneren Kreises lassen ihre Hände los, machen alle eine Halbdrehung, so daß sie nun nach außen schauen. Sie breiten ihre Hände auf Schulterhöhe weit aus.

so lang ich bin

Die nun außen Stehenden bleiben in ihrer Position. Die nun innen Tanzenden drehen sich in einer Halbwende um, so daß sie nun auch nach außen schauen. Die Arme bleiben nach oben gestreckt.

Wenn der Tanz nochmals wiederholt wird, drehen sich die Äußeren um und gehen zur Mitte, während die Inneren einen Schritt nach außen machen und sich dann umdrehen, alles während des Singens der Anfangszeile.
Dieses Lied ist ein Kanon und kann trotz Tanz als solcher von allen Anwesenden gesungen werden. Vorher wird ausgemacht, nach dem wievielten Tanz Schluß ist. Durch diese ineinandergestellten Kreise, die abwechselnd auf- und abgehen, entsteht der Eindruck des Wachsens.

24 *Singt dem Herrn ein neues Lied*

Singt dem Herrn ein neues Lied

Alle stehen im Kreis, die Hände durchgefaßt, und gehen rechts herum.

Singt dem Herrn ein neues Lied

Alle gehen links herum.

Denn der Herr tut Wunder darum

Alle gehen mit vier Schritten zur Kreismitte, dann mit vier Schritten wieder zurück.

o x o x o xx

singt dem Herrn ein Lied:

o: Mit einem Fuß stampfen

x: Klatschen

Wenn das Lied im Kanon gesungen wird, dann werden dazu vier Kreise gebildet, die nacheinander mit dem Singen und mit den Bewegungen einsetzen.

25 *Ein Mann, der hat sein Haus auf Fels gebaut*

(Mt 7,24–27) (für Kinder)

2. Und der *Regen* fällt herab, und die Flut *steigt* hoch (3mal)
und das *Haus* auf dem Fels *bleibt stehn.* (2mal)
3. Der andre aber hat's auf *Sand gebaut* (3mal), und der *Regen* fällt herab.
4. Und der *Regen* fällt herab und die Flut *steigt* hoch (3mal)
und das *Haus* auf dem *Sand* fällt *um.* (2mal)
5. Drum bau dein *Haus* auf den *Herrn Jesus Christ* (3mal).
Und der *Segen* kommt herab (2mal)
6. Und der *Segen* kommt herab, und die *Freud* ist groß (3mal),
und das *Haus* auf dem Fels *bleibt* stehn. (2mal)

Haus: Hände zu einem spitzen Dach formen.

Fels: Zwei Fäuste übereinanderlegen.

Regen: Mit Fingern Tröpfelbewegungen machen von oben nach unten.

Flut steigt hoch: Flache Hände, Handflächen nach unten, stufenweise hochheben.

bleibt stehen: Arme übereinanderlegen.

Sand: Finger bewegen wie beim Klavierspielen.

fällt um: Mit den Händen ein spitzes Dach formen und dann zur Seite neigen.

Herrn Jesus Christ: Mit der flachen Hand auf ein Kreuz zeigen, falls vorhanden, wenn nicht über die rechte Schulter nach oben deuten.

Segen: Handflächen nach unten, Arme von oben nach unten langsam senken.

Freud: In die Hände klatschen.

Auch wenn die Bewegungen nur zu einzelnen Wörtern aufgeschrieben sind, werden sie nach dem jeweiligen Wort nicht plötzlich abgebrochen, sondern erst, wenn eine neue Bewegung einsetzt oder es sich vom Sinn her ergibt.

26 *Gottes Liebe ist wie die Sonne*

2. Trinke ihre Strahlen, nimm sie in dich auf. –
3. Hinter grauen Wolken scheint sie strahlend hell. –
4. Sie kann dich verändern, heute, wenn du willst. –
5. Sie will dir begegnen am Kreuz des Herren Christ. –
6. Gib ihr deine Antwort, vertrau dich ihr ganz an. –

8. Gib diese Liebe weiter grad an den, der dich nicht lieben will! –

Kehrvers:
Gottes Liebe ist wie die Sonne,
sie ist immer und überall da

Hände über dem Kopf zu einem großen Kreis zusammenlegen. Sich im Takt der Musik leicht hin und her bewegen.

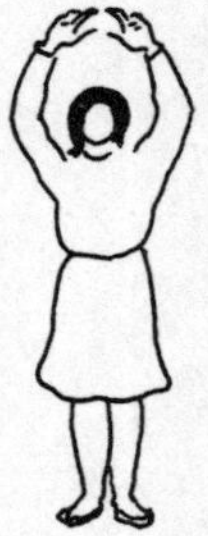

1. Streck dich ihr entgegen

Langsam die Arme nach oben strecken und dabei mit dem ganzen Körper diese Aufwärtsbewegung mitmachen bis man auf den Zehenspitzen steht.

und nimm so viel du willst

Hände zum Körper zurücknehmen, Körper entspannen.

2. Trinke ihre Strahlen, nimm sie in dich auf

Bewegung, als würde man langsam einen großen Kelch hochheben und daraus trinken.

3. Hinter grauen Wolken

Große Abwehrbewegung mit den Händen machen.

scheint sie strahlend hell

Arme weit von sich strecken, nach schräg oben und andere anschauen.

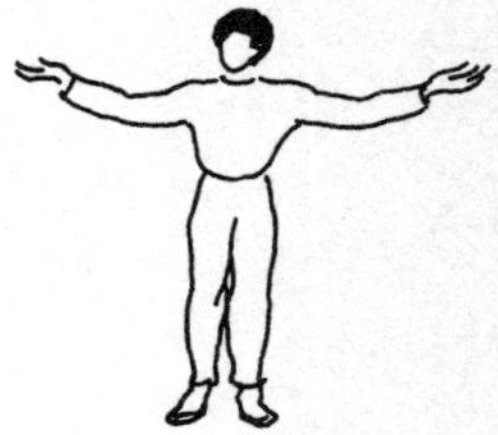

4. Sie kann dich verändern, heute, wenn du willst

Aus einer zusammengesunkenen Haltung sich langsam aufrichten und einander anschauen.

5. Sie will dir begegnen am Kreuz des Herren Christ

Mit beiden Armen ein Kreuz formen: Linker Arm ab Ellbogen senkrecht vor sich halten, rechter Arm waagerecht dahinter.

6. Gib ihr deine Antwort, vertrau dich ihr ganz an

Mit beiden Händen eine Schale formen und sie nach oben heben.

7. Niemals wird eine Wolke

Mit den Händen eine Schale formen und von oben langsam nach unten nehmen.

zwischen dir und Gottes Liebe sein

Auf jemanden zeigen (mit beiden Händen und nicht mit ausgestreckten Zeigefingern) und dann nach oben, oder falls vorhanden, auf ein Kreuz deuten.

8. Gib diese Liebe weiter grad an den, der dich nicht lieben will

Mit den Händen eine Schale formen, auf andere zugehen und eine Bewegung machen, als würde man die Schale an den anderen weitergeben.

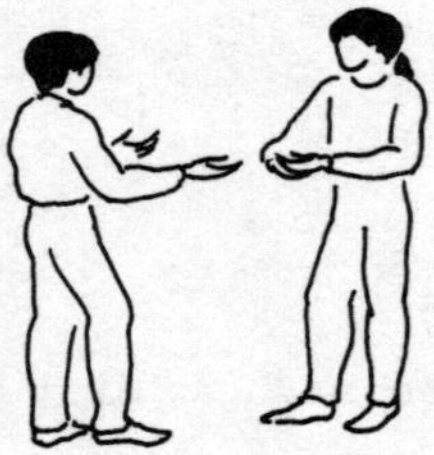

27 *Alle Knospen springen auf*

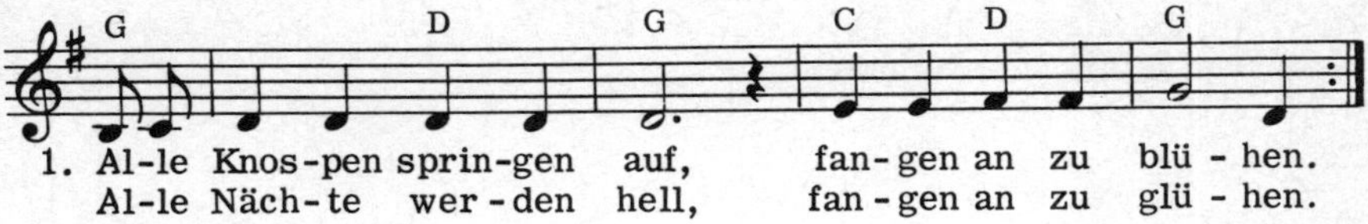

2. Alle Menschen auf der Welt, fangen an zu teilen.
Alle Wunden nah und fern fangen an zu heilen.
Menschen teilen – Wunden heilen, – Knospen blühen – Nächte glühen,

3. Alle Augen springen auf, fangen an zu sehen.
Alle Lahmen stehen auf, fangen an zu gehen.
Augen sehen – Lahme gehen, Menschen teilen – Wunden heilen,
Knospen blühen – Nächte glühen.

4. Alle Stummen hier und da fangen an zu grüßen.
Alle Mauern tot und hart werden weich und fließen.
Stumme grüßen – Mauern fließen, Augen sehen – Lahme gehen,
Menschen teilen – Wunden heilen, Knospen blühen – Nächte glühen.

Ausgangsposition: Kreis, hockend

Knospen

Mit den Händen eine Faust bilden, diese öffnen, wobei die Handballen zusammenbleiben und so einen „Blumenkelch" bilden. Die Hände nach oben heben und dabei aufstehen.

Alle Nächte werden hell, fangen an zu glühen

Die Arme in die Höhe strecken, mit den Fingern kleine Bewegungen machen und die Arme im Takt hin und her wiegen.

Alle Menschen auf der Welt, fangen an zu teilen

Mit den Händen Schalen bilden und diese nach rechts und links weitergeben.

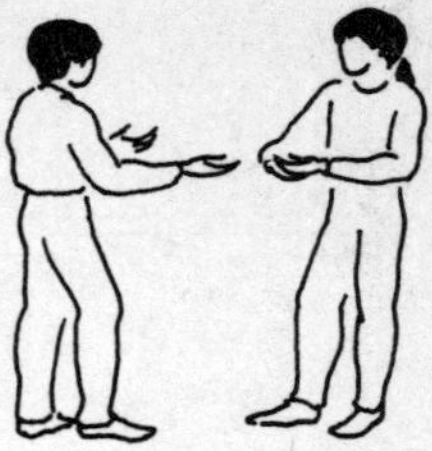

Alle Wunden nah und fern fangen an zu heilen

Eng zusammenrücken und mit den Händen über die Rücken des rechten und linken Nachbarn sanfte Streichelbewegungen machen.

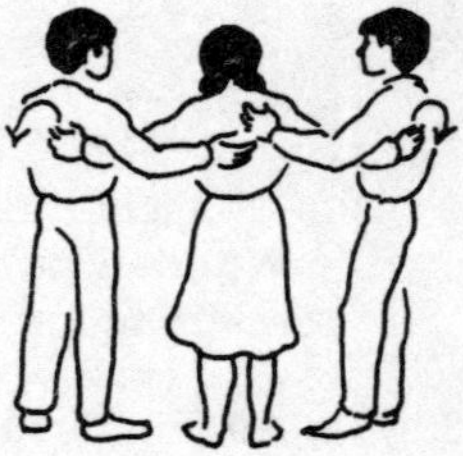

Alle Augen springen auf, fangen an zu sehen

Augen mit den Händen verschließen und die Hände langsam wegnehmen.

Alle Lahmen stehen auf, fangen an zu gehen

Von der Hocke aufstehen und im Kreis rechts herum gehen.

Alle Stummen hier und da fangen an zu grüßen

Die Hände vor den Mund halten – aber mit einem gewissen Abstand, so daß das Singen noch möglich ist – sie wegnehmen und den Kreisnachbarn rechts und links die Hand geben, als würde man sich begrüßen.

Alle Mauern tot und hart werden weich und fließen

Zuerst bewegungslos dastehen, dann sich hin und her bewegen im Rhythmus des Liedes.

Alle Knospen springen auf, fangen an zu blühen

Alle gehen in die Hocke. Die Hände in der Mitte zusammenlegen, diese hochheben und sich dabei mit dem Oberkörper aufrichten. Sich soweit als möglich nach hinten lehnen, und am Schluß einige Augenblicke in dieser Stellung verharren.

28 *Herr, deine Liebe*

2. Wir wollen Freiheit, um uns selbst zu finden,
Freiheit, aus der man etwas machen kann.
Freiheit, die auch noch offen ist für Träume,
wo Baum und Blume Wurzeln schlagen kann.

3. Und dennoch sind da Mauern zwischen Menschen,
und nur durch Gitter sehen wir uns an.
Unser versklavtes Ich ist ein Gefängnis
und ist gebaut aus Steinen unsrer Angst.

4. Herr, du bist Richter. Du nur kannst befreien.
Wenn du uns freisprichst, dann ist Freiheit da.
Freiheit, sie gilt für Menschen, Völker, Rassen,
so weit wie deine Liebe uns ergreift.

1. Herr, deine Liebe

Eine gerade Anzahl von Tanzenden steht in einem ziemlich engen Kreis zusammen. Die Hände werden nach oben gestreckt und mit einem weiten Bogen um die Schultern der Nachbarn gelegt.

ist wie Gras und Ufer, wie Wind und

Alle Tanzenden wiegen sich im Takt der Musik hin und her.

Weite

Alle machen vier Schritte rückwärts, der Kreis wird dadurch viel größer, so daß sich die Arme von den Schultern lösen, aber trotzdem ausgebreitet bleiben.

und wie ein Zuhaus

Die Tanzenden gehen vier Schritte vorwärts, so daß sich der Kreis wieder schließt. Die Arme werden leicht nach oben gestreckt, zur Mitte hin.

Frei sind wir, da

Jeder zweite Tanzende macht einen Schritt nach rückwärts, die Hände hängen nach unten. Die Innenstehenden fassen sich an den Händen, behalten die Arme aber nach oben gestreckt, so daß Torbogen entstehen.

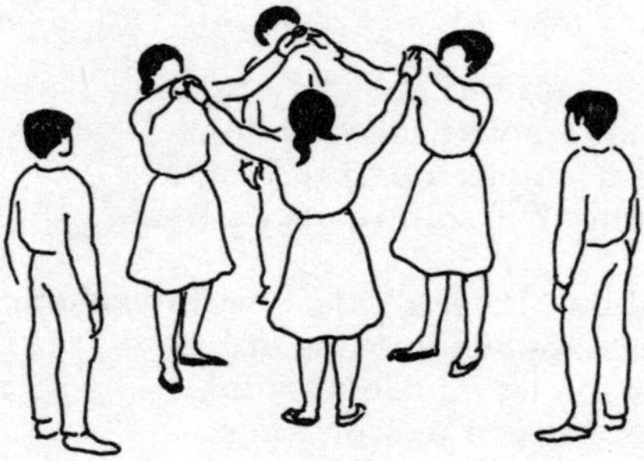

zu wohnen und

Die Außentanzenden treten unter dem Torbogen durch in das Kreisinnere.

zu gehen

Die Innenstehenden gehen durch den am nächsten rechtsliegenden Bogen wieder durch nach außen.

Frei sind wir, ja zu sagen

Die Tanzenden wenden sich einem Partner zu mit einer liebenden, annehmenden Geste, etwa Umarmung oder eine gebende Geste. Jeder Tanzende kann sich die genaue Form seiner Bewegung selbst heraussuchen.

oder nein

Alle Tanzenden nehmen gegenüber ihren Partnern eine ablehnende und abwehrende, etwa gar wütende Position ein (wieder für jeden einzelnen frei wählbar) und verharren einen Moment in dieser Haltung.

Kehrvers:

Alle finden sich wieder zu einem Kreis, Bewegungen wie am Anfang der ersten Strophe.

2. Wir wollen Freiheit,

Auf das Wort Freiheit mit trichterförmig erhobenen Armen in die Höhe springen.

um uns selbst zu finden

Alle gehen in die Hocke, sind ganz in sich selbst versunken, schließen die Augen und bleiben in Ruhe in dieser Stellung.

Freiheit, aus der man etwas machen kann

Der linke Arm wird zuerst nach links, dann der rechte Arm nach rechts ausgestreckt. Dann stehen alle Tanzenden auf und jeder legt seine Arme zusammen.

Freiheit, die auch noch offen ist für Träume

Der linke Fuß wird zur Mitte gesetzt, alle drehen sich mit einer Vierteldrehung nach rechts, so daß die Tanzenden nun hintereinander stehen. Die Arme werden rechts und links waagerecht ausgestreckt, der linke zur Mitte hin. Der rechte wird mit einem weiten Bogen über den Kopf zum linken geführt. Der Oberkörper beugt sich dabei auch zur Mitte hin.

wo Baum

Die Tanzenden stehen wieder aufrecht, bleiben aber hintereinander stehen. Die Arme nach oben angewinkelt ausstrecken.

und Blume

Mit den Händen Blumenkelche andeuten.

Wúrzeln schlágen kánn

Mit den Füßen stampfen (rechts-links-rechts).

3. Und dennoch sind da Mauern zwischen Menschen

Die Tanzenden machen mit den Händen eine abwehrende Bewegung: Die Hände sind nach vorne gerichtet mit den Handflächen zur Kreismitte hin. Die Hände werden übereinander gesetzt, als würde diese Mauer immer größer werden.

und nur durch Gitter sehen wir uns an

Die gespreizten Hände sind auf der Höhe des Gesichtes, Handflächen zur Kreismitte hin. Die Tanzenden machen eine Halbdrehung und schauen nach außen durch die gespreizten Hände.

unser versklavtes Ich

Die Hände zu Fäusten ballen und überkreuzen.

ist ein Gefängnis

Die überkreuzten Fäuste werden in den Nacken gelegt, den Kopf dabei senken.

und ist gebaut aus Steinen unsrer Angst

Die gebeugten Tanzenden beugen sich mehr und mehr mit den überkreuzten Fäusten im Nacken. Sie gehen ab und zu leicht in die Höhe, dann aber wieder tiefer.

4. Herr, du bist Richter. Du nur kannst befreien.
Wenn du uns freisprichst, dann ist Freiheit da

Alle Tanzenden mit einer Ausnahme nehmen eine beliebig verkrampfte oder ängstliche Stellung ein. Der andere Tanzende berührt mit seinen Händen sachte einen nach dem anderen, die sich dann langsam mit einem freudigen Gesichtsausdruck aufrichten. (Gesicht nach außen!)

Freiheit, sie gilt

Die Hände werden etwas hochgehoben, etwa auf Brusthöhe.

für Menschen

Jeder Tanzende zeigt mit seinen Händen auf sich.

Völker

Die Hände werden zu den Kreisnachbarn rechts und links hingestreckt.

Rassen

Einen Schritt nach außen machen und dabei die Hände schwungvoll in Richtung Zuschauer bewegen als würde man ihnen etwas zuwerfen.

so weit wie deine Liebe uns ergreift

Die Arme langsam weit ausgebreitet nach oben strecken und dabei nach außen schreiten.

Fünftes Kapitel

Gebetstänze

Beim ersten der beiden Gebetstänze handelt es sich um ein Lied, das bei jung und alt sehr guten Eingang fand. Der persönliche Gebetscharakter ist offensichtlich: durch die Ichform und die Bezugnahme auf persönliche Gotteserfahrung und Hingabe. Das Bedürfnis besteht, dieses Gebetslied nicht nur mit Kopf und Stimme zu singen, sondern mit Leib und Seele zu gestalten. Hier ist es besonders wichtig, daß der Tanzende zu keiner ihm fremd erscheinenden oder rein formalen Geste angehalten wird.
Beim letzten Beispiel dieser Sammlung handelt es sich um das Vaterunser, das Christus seine Jünger lehrte. Es wird wohl für immer das kostbarste Bittgebet der Kirche bleiben.
Wenn versucht wird, es mit Gebärden zu verstärken, ist eine besonders sorgfältige Einführung der Tanzenden notwendig. Damit die Ausdrucksform zu einer hilfreichen Tradition werden kann, muß auf Echtheit und Verhaltenheit besonderes Gewicht gelegt werden.

29 *Daß du mich einstimmen läßt*

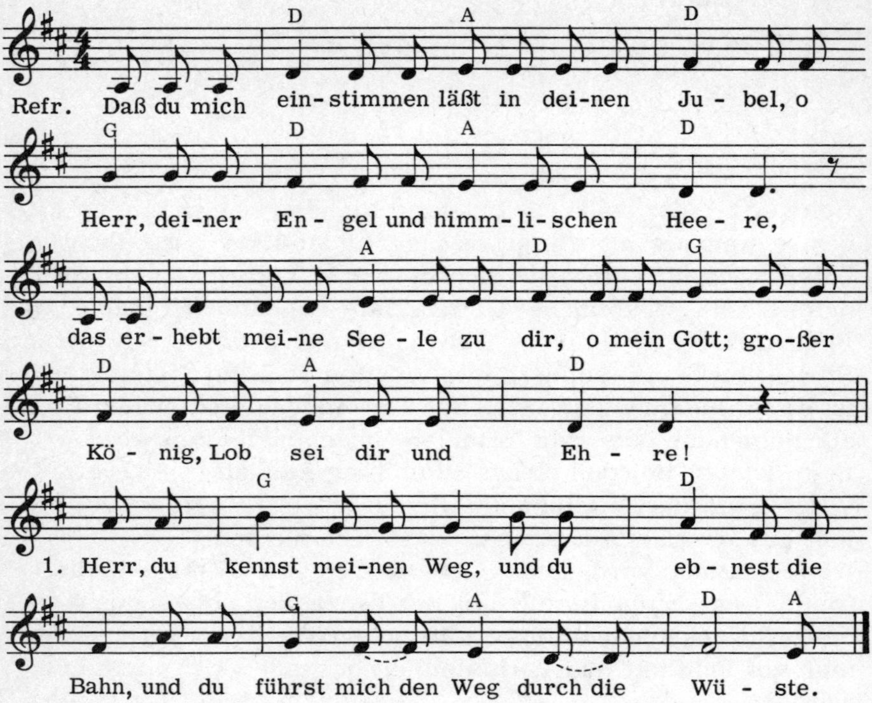

2. Und du reichst mir das Brot,
und du reichst mir den Wein
und bleibst selbst, Herr,
mein Begleiter.

3. Und du sendest den Geist,
und du machst mich ganz neu
und erfüllst mich mit
deinem Frieden.

4. Und nun zeig mir den Weg,
und nun führ mich die Bahn,
deine Liebe
zu verkünden!

5. Gib mir selber das Wort,
öffne du mir das Herz,
deine Liebe, Herr,
zu schenken!

6. Und ich dank' dir, mein Gott,
   und ich preise dich, Herr,
   und ich schenke dir
   mein Leben!

Eine Vorbemerkung:
Als unsere Tanzgruppe die Bewegungen zu diesem Lied suchte, war es ihr ein ganz wichtiges Anliegen, trotz der Ich-Form den Gemeinschaftscharakter all der besungenen Gaben zu betonen. Gott beschenkt uns durch die Kirche und durch Menschen, das möchten die Bewegungen verdeutlichen.

Ausgangsstellung: Kreisform

Daß du mich einstimmen läßt
Die Arme werden erhoben und trichterförmig über dem Kopf ausgestreckt.

in deinen Jubel, o Herr
Alle drehen sich mit erhobenen Armen schwungvoll um sich selber.

deiner Éngel und hímmlischen Héere
Beim ersten Akzent mit dem rechten Arm nach oben deuten, das Körpergewicht auf den rechten Fuß verlagern und dabei auf den Zehen stehen. Beim nächsten Akzent alles mit dem linken Fuß und Arm wiederholen, beim letzten Akzent wieder rechts.

das erhebt meine Seele zu dir, o mein Gott
Die Tanzenden beugen ein Knie, machen eine Bewegung, als würden sie mit beiden Händen eine Schale formen und damit auf dem Boden Wasser schöpfen. Dann stehen sie auf und heben die zu einer Schale geformten Hände hoch.

großer König, Lob sei dir und Ehre

Die Handflächen der benachbarten Tanzenden werden aneinander gelegt, dann die Arme langsam hochgehoben. Damit wird eine Krone gebildet.

1. Herr, du kennst meinen Weg

Mit den Händen nach unten deuten, zuerst dabei nach oben schauen, dann den Kopf nach unten senken.

und du ebnest die Bahn

Alle drehen sich nach außen und heben etwa auf Bauchhöhe die Hände waagerecht, Handflächen nach unten. Dann machen sie eine Bewegung, als würden sie auf einer Tischfläche seitwärts entlang streichen.

und du führst mich den Weg durch die Wüste

Die Tanzenden fassen sich an den Händen und gehen mit schweren Schritten und gebeugtem Oberkörper im Kreis herum. Am Ende der Strophe wenden sie sich wieder der Kreismitte zu.

2. Und du reichst mir das Brot und du reichst mir den Wein

Beide Arme nach oben strecken und eine annehmende Geste machen, die Hände ineinander legen und bis etwa Bauchhöhe führen.

und bleibst selbst, Herr, mein Begleiter

Alle legen die Hände in der Kreismitte zusammen und der Kreis dreht sich nach rechts.

3. Und du sendest den Geist

Jeder zweite Tanzende beugt ein Knie und legt die Hände zu einer Schale zusammen. Die Stehenden legen ihre Hände ebenfalls zu einer Schale und führen sie aus der Höhe unter diejenigen des rechts von ihnen Knienden. Sie helfen diesen auf.

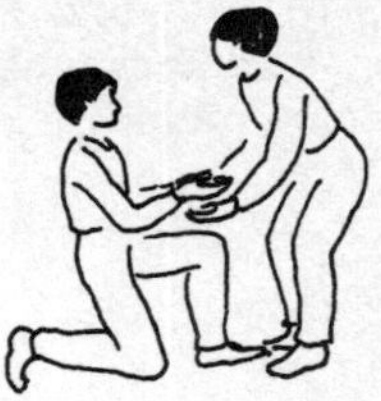

und du machst mich ganz neu

Auf „machst" machen alle Paare einen Sprung. Die Hände bleiben zusammengelegt und werden hochgehoben.

und erfüllst mich mit deinem Frieden

Die Hände öffnen sich und beschreiben einen großen Kreis bis sie etwa auf Brusthöhe sind, Handflächen nach oben.

4. Und nun zeig mir den Weg

Den linken Fuß leicht vorstellen, den linken Arm zur Kreismitte hin nach oben strecken und den rechten Arm zur anderen Seite nach unten.

und nun führ mich die Bahn

Durch die oben beschriebene Armhaltung drehten sich die Tänzer automatisch in Tanzrichtung nach rechts. Die Armhaltung beibehaltend gehen sie nun im Kreis.

deine Liebe zu verkünden

Nun drehen sich alle ganz nach außen und machen mit den Händen Bewegungen zum Mund und wieder weg.

5. Gib mir selber

Die Arme werden zur Kreismitte hin nach oben gestreckt, die Tanzenden machen eine Halbdrehung und führen die Hände mit, bis sie, die Handflächen zusammengelegt, etwa auf Brusthöhe sind.

das Wort
Die zusammengelegten Hände werden auseinandergeklappt, als würde ein Buch geöffnet.

öffne du mir das Herz
Jeder Tanzende legt sich die Hände an die Brust und bewegt sie dann mit einer öffnenden Geste nach links und rechts, die Handflächen nach oben.

deine Liebe, Herr
Die Handflächen nach rechts und links in die der Kreisnachbarn legen.

zu schenken
Zusammengelegte Hände nach vorne strecken, durch einen kleinen Schritt nach außen diese Bewegung unterstützen, und die Zuschauer dabei freundlich anschauen.

6. Und ich dank dir mein Gott
Jeder zweite dreht sich im Kreis herum, Arme dabei oben lassen.

Und ich preise dich Herr
Nun drehen sich die anderen im Kreis herum, Arme dabei oben lassen und nach der Drehung wieder eine Krone bilden.

und ich schenke dir mein Leben
Die Krone lassen, die Knie beugen, den Kopf senken und in dieser Stellung bleiben bis zum Beginn des Kehrverses.

30 *Vater unser*

2. Wie im Himmel also auch auf Erden. Geheiligt …
   Unser täglich Brot, Herr, gib uns heute. Geheiligt …

3. Und vergib uns all unsere Schulden. …
   Wie auch wir vergeben all unseren Schuldnern. …

4. Und führ uns, Herr, nicht in Versuchung, …
   sondern erlöse uns von dem Bösen. …

5. Denn dein ist das Reich und die Kraft …
   und die Herrlichkeit in Ewigkeit. Amen. …

Ausgangsstellung
Die Tänzer stehen in Kreisform, Gesicht zur Mitte hin

Kehrvers:

Bei dieser Liedfassung wird durch die Wiederholung der Bitte: „Geheiligt werde dein Name" eine besondere Atmosphäre der ehrfürchtigen Anbetung ausgestrahlt, wozu die je wiederkehrende Orante-Stellung, die Gebetshaltung der frühen Christenheit, wesentlich mithilft, wenn die Gebärde von innen vollzogen wird: Die Arme werden erhoben, der Blick zum Himmel gerichtet. Auch eine andere Geste ist möglich: Die Hände auf Brusthöhe halten mit den Handflächen nach oben und den Kopf senken. Eine Geste der Demut. Wenn das Vaterunser von einer Gruppe vorgetanzt wird, ist es für alle Anwesenden möglich, diesen Kehrvers mitzusingen und sich mitzubewegen.

1. Vater unser, der du bist im Himmel

Die Tänzer machen nach links und nach rechts zu ihren Kreisnachbarn eine freundliche, einladende Geste mit den Händen, heben die Arme hoch und richten den Blick nach oben.

Dein Reich komme

Mit den Händen einen großen Kreis beschreiben und auf Brusthöhe zu einer Schale zusammenlegen.

dein Wille geschehe

Alle Tanzenden neigen sich und führen die Hände langsam nach unten.

2. Wie im Himmel

Den linken Fuß leicht vorstellen, den linken Arm nach oben strecken.

also auch auf Erden

Mit dem rechten Arm über den Kopf einen Bogen schlagen, sich dabei nach außen drehen und den rechten Arm nach unten strecken, so daß eine Linie vom linken Arm zum rechten gebildet wird.

Unser täglich Brot, Herr, gib uns heute

Beide Arme nach oben strecken und langsam nach unten führen als hielten die Tanzenden eine Schüssel in der Hand.

3. Und vergib uns all unsre Schulden

Die Tanzenden ballen die Fäuste zusammen und legen sie vor das Gesicht. Sie nehmen dabei eine etwas gebeugte, verkrampfte Stellung ein. Langsam die Fäuste öffnen und die Verkrampfung lösen.

Wie auch wir vergeben all unseren Schuldnern

Die Tänzer schauen sich gegenseitig freundlich an und legen die Handflächen ineinander.

4. Und führ uns, Herr, nicht in Versuchung

Alle drehen sich nach außen und machen mit den Händen eine abwehrende Bewegung.

sondern erlöse uns von dem Bösen

Mit überschränkten Armen ein Kreuz formen und um sich selber drehen. Der linke Arm bildet den senkrechten, der rechte Arm den waagerechten Bestandteil des Kreuzes.

5. Denn dein ist das Reich

Die Arme nach oben ausbreiten.

und die Kraft

Kurz in die Höhe strecken beim Wort „Kraft".

und die Herrlichkeit in Ewigkeit. Amen.

Die Tänzer strecken ihre Arme schräg nach oben und überkreuzen sie zugleich mit den Armen ihrer Kreisnachbarn. (Krone!)

Kehrvers:

Die Haltung der Arme wird beibehalten. Die Tanzenden beugen ein Knie und verharren in dieser Stellung.

Alphabetisches Verzeichnis der Lieder

Hinter jedem Liedtanz ist angegeben, an welcher Stelle im Gottesdienst er eingesetzt werden kann. (Abkürzungen vgl. „Vorschläge für eine mögliche Einordnung in die Gottesdienste".) Natürlich ist der Gebrauch abhängig vom Thema und Aufbau der Meßfeier.

Vorschläge für eine mögliche Einordnung in die Gottesdienste

Eröffnung (Eröffn.) 1, 2, 4, 5, 10, 18, 19, 20
Gloria (Gl.) 17, 18, 19, 20, 23, 24
Antwortgesang (Ant.) 4, 11, 14, 15, 17, 23, 25, 27
Gabenbereitung (Ga.) 2, 26, 29
Sanktus (Sa.) 8, 10, 20
Vater unser 30
Friedensgruß (Fr.) 3, 22, 28
Vor der Kommunion (v.d.K.) 26, 29
Danksagung (Da.) 7, 11, 12, 14, 17, 21, 23, 24
Schlußlied (Schl.) 3, 6, 8, 11, 12, 14, 15, 17, 18, 19
Die Lieder zum „Friedensgruß“ und „Vor der Kommunion“ können anstelle des Agnus Dei gesungen werden. Die Unterscheidung wurde gemacht, um auf die verschiedenen Schwerpunkte der Liedinhalte hinzuweisen.

Vertonte Schrifttexte

Ri 5,2: 17
2 Sam 6,5: 12
Ps 9,2–3: 9
Ps 30,12–13: 7
Ps 98,1: 24
Ps 104,31.33: 23
Ps 113,3: 18
Ps 113,1–3: 19
Ps 134,1–2: 21
Ps 145: 10
Jer 31,13: 4
Mt 6,9–13: 30
Mt 7,24–27: 25
Phil 4,4: 15

Thematische Akzente der Liedtexte

Quellenverzeichnis

Jugend mit einer Mission
8931 Hurlach
Schloßgasse 1
aus: „Lehre uns Herr“
– Wir versammeln uns zu dir
– Ja, vom Aufgang der Sonne
– Dann wird die Jungfrau erfreuen sich am Tanz
– Ich will einziehn in sein Tor
– Die Herrlichkeit des Herrn
aus: „Das gute Land“
– Fröhlich, fröhlich
– Ich will deinen Namen preisen
– Ich lobe meinen Gott

Präsenz-Verlag der Jesus-Bruderschaft, Gnadenthal
6257 Hünfelden 2
aus: „Mosaik-Sammelband“ 1–4
– Daß du mich einstimmen läßt

KIM-Zentrale, Weningstr. 35, 8070 Ingolstadt
aus: KIM-Schallplatte 101

Impulse Musikverlag Ludger Edelkötter, Drensteinfurt
aus: „Alle Knospen springen auf"
– Alle Knospen springen auf

Rolf Kühne Verlag GmbH, Langenbeckstr. 28/30
3500 Kassel
aus: „Sing and pray"
– Gottes Liebe ist wie die Sonne

Burckhardthaus-Verlag GmbH, Gelnhausen-Berlin
Herzbachweg 2, 6460 Gelnhausen
aus: „Schalom", Ökumenisches Liederbuch
– Herr, deine Liebe ist wie Gras und Ufer
– Vater unser

Friedrich Reinhardt Verlag, Basel, Schweiz
aus: Marlies und Ullrich Ott,
Rollenspielen, Mimen. Tanzen, aus der Reihe „praktisch"
– Großteil des Tanzes zu „Lobet und Preiset"

Waltraud Schneider:
– Geh, geh, geh den Weg
– Herr, du hast mein Klagen in Tanzen verwandelt
– Klatscht in die Hände

Sacred Dance Group, England
Tänze zu folgenden Liedern:
– Bind uns zusammen
– Freut euch in dem Herren
– King of kings
– Kommt, lobt den Herrn

Folgende Lieder sind mündlich überliefert, bzw. Verfasser unbekannt:
– Vom Aufgang der Sonne
– Er hält die ganze Welt
(Melodie: He's got the whole world)
– Ich bin von innen, außen
– Ein Mann der hat sein Haus auf Fels gebaut
– Bind uns zusammen
– Freut euch in dem Herren allezeit
– Lobet und preiset
– Singt dem Herrn ein neues Lied
– Wenn Gottes Geist auch uns erfaßt
– Lasset uns gemeinsam
– King of kings
– Schalom chaverim
– Kommt, lobt den Herrn

Bücher für die Gestaltung von Kinder-, Jugend- und Familiengottesdiensten im Verlag Herder

Lektionar für Gottesdienste mit Kindern

„Der Text der Perikopen ist dem Verständnis von Grundschulkindern angepaßt ... Mehr als ein Lektionar! Auch eine Hilfe zur Erschließung der Perikopen" (Dienender Glaube).

Band 1: Kirchenjahr und Kirche. 224 Seiten, gebunden. ISBN 3-451-18956-9
Band 2: I. Lebenswelt des Kindes; II. Lebensordnung des Christen (Die Gebote); III. Biblische Gestalten als Zeugen des Glaubens. 288 Seiten, ISBN 3-451-18957-7

Wolfgang Schwartz

Unser Gottesdienst soll fröhlich sein
Feiern mit Vorschulkindern

Alle 14 Vorschläge orientieren sich am Rahmenplan für Kindergärten. „Sie verdienen durchaus Beachtung! Hier wird eine Möglichkeit der Gottesdienstform gezeigt, die noch weitaus stärker genutzt werden sollte" (Pastoralblatt f. d. Diözesen Aachen u. a.).

80 Seiten, Paperback. ISBN 3-451-20055-4

Kommt zum Fest
Mit Kindern Eucharistie feiern lernen

„Die 14 Modelle sind sehr gut geeignet, Kinder schrittweise immer tiefer in die Mitfeier der Eucharistie einzuführen. Wer etwa wöchentlich mit den Kindern *und* Eltern zur Vorbereitung auf die feierliche Erstkommunion Gottesdienst feiern kann, findet hier eine sehr wertvolle Hilfe" (Amtsblatt f. d. Erzdiözese Bamberg).

„Dieses Buch ist eine Hinführung zum Sonntagsgottesdienst der Gemeinde" (Unsere Seelsorge, Münster).

96 Seiten, Paperback. ISBN 3-451-19839-8

Max Huber

Erstkommunion feiern
Gottesdienstmodelle

„Eindeutig das Beste, was es z. Zt. auf dem Markt hierzu gibt" (Stefanie Spendel).

3. Aufl., 96 Seiten, Paperback. ISBN 3-451-19336-1

Mit dem Herzen feiern
Kindergottesdienste zu Erstkommunion, Schulanfang, Schulschluß, Weihnachten, Fastnacht

Mit diesem Titel verspricht der Autor nicht zuviel, sondern hält diesen Anspruch als roten Faden in seinen Gottesdiensten durch. (Pastoralblatt, Köln u. a.).

96 Seiten, Paperback, ISBN 3-451-20270-0

Gerhard Debbrecht

Eine Brücke zu uns

Eucharistiefeiern mit Jugendlichen

Meditative, lebensnahe Modelle für Gottesdienste mit Jugendlichen, aus dem Erfolgsbuch „Messe – für mich?" erwachsen. Sie helfen, Jugendliche zur aktiven Teilnahme am Meßgeschehen zu führen, und bauen eine Brücke zwischen Jugendmessen und den „normalen" Gemeindegottesdiensten. Besonders wertvoll ist die Einführung in die „Feier der Gemeindemesse".

96 Seiten, Paperback, ISBN 3-451-20054-6

Matthias Schnegg

Wir spielen und feiern

82 neue Spielmodelle für Kindergottesdienste

Der Gedanke der „Liturgie als Spiel" steht hier im Vordergrund. Fortsetzung des erfolgreichen Buches „Damit es Freude macht".

152 Seiten, Paperback. ISBN 3-451-20057-0

Damit es Freude macht

68 Spielmodelle für Kindergottesdienste an Sonn- und Festtagen und für verschiedene Anlässe

„Ein sehr empfehlenswertes Buch!" (Kathpress).

3. Aufl., 160 Seiten, Paperback. ISBN 3-451-19037-0

Kinder erleben den Kreuzweg

„Allen, die wissen, wie schwer es ist, Kindern den Kreuzweg Jesu nahezubringen, wird das Heft eine wertvolle Hilfe sein" (Der Dom, Paderborn).

2. Aufl., 40 Seiten mit Ill. von Karl Kluth, geheftet. ISBN 3-451-20030-9

Emmanuel Gniß

Heute den Kreuzweg gehen

Texte für junge Menschen

„Dem Verfasser ist es gelungen, dem jungen Menschen, aber ebenso dem Erwachsenen von heute einen herausfordernden Vorschlag für das Beten des Kreuzweges an die Hand zu geben" (Pastoralblatt).

2. Aufl., 48 Seiten mit Ill. von Guido Dupont, geheftet. ISBN 3-451-20035-X

Heriburg Laarmann

Mit Zeichen und Symbolen

Neue Familiengottesdienste

„Wagen Sie sich an die Gottesdienste in diesem Buch – und das Echo wird Sie überraschen!" (Pfarrer Willi Hoffsümmer)

160 Seiten, Paperback. ISBN 3-451-20491-6

Wolfgang Nastainczyk

Der springende Funke

Kinderpredigten für das ganze Jahr

48 Kinderpredigtmodelle, die schlichte, kindgemäße Sprache mit hohem theologischem Niveau verbinden – aus der Praxis entstanden, leicht umsetzbar.

224 Seiten, Paperback. ISBN 3-451-20056-2